Karl-Herbert Delpy

Der Graupapagei

Herkunft, Charaktereigenschaften,
Haltung und Pflege

5 Farbfotos, 5 Schwarzweißfotos
auf Tafeln und 5 Abbildungen im Text

APV
Albrecht Philler Verlag Minden

Bildnachweis

Umschlagbild: Farbfoto Bruno Milling, Euskirchen
Wolfgang de Grahl: Farbfoto 1, 2; Abbildungen 1, 5
A. Schmidecker: Farbfoto 4, 7
Bruno Milling: Farbfoto 9
Wagner & Keller: Foto 3, 5, 6, 8, 10; Abbildungen 2, 3, 4

Die Verbreitungskarte auf Seite 16 stammt aus dem Buch von Wolfgang de Grahl „Der Graupapagei", eine Chronik aus 100 Jahren, Eigenverlag, 2000 Hamburg 52, Menzelstraße 4a

© Albrecht Philler Verlag GmbH, 4950 Minden, 1979, 1984
Satz und Druck: Albrecht Philler Verlag, Minden
Bindearbeiten: Heinrich Altvater KG, Minden-Todtenhausen
ISBN 3 7907 0825 9

Inhaltsverzeichnis

Vorwort 5
Argumente für und wider die Papageienhaltung 7
Etwas Papageienpsychologie 10
Ihr neuer Hausgenosse 12
Wo kommt er her? 14
Wie kam er zu uns? 17
Unterbringungsmöglichkeiten in der Wohnung 21
Wo steht der Käfig am besten? 24
Eingewöhnung und empfehlenswerte Rücksichtnahmen . 26
Zweckmäßige Behandlung ist nicht schwierig 30
Die Fütterung 33
Das Futter 34
Freiflug im Wohnzimmer 41
Körperpflege und Bad 44
Anfassen und Einfangen 47
Natürliche Talente und Charaktereigenschaften 49
Zähmung 53
Sprechenlernen 57
Was tun bei kleinen Unpäßlichkeiten? 64
Parasitenbefall 67
Krankheiten 69
Geschlechtsbestimmung 73
Die Zucht 76
Beschränkung der Flugfähigkeit 86
Ratschläge für den Erwerb eines Graupapageis 89
Schlußwort 94
Register 96

Im Rahmen der Lehrmeister-Bücherei sind vom gleichen Verfasser noch folgende Bücher erschienen:

„Volieren" (LB 1074)
„Der Nymphensittich" (LB 822)
„Großsittiche und Papageien" (LB 824)
„Ziervogelernährung" (LB 828)

Vorwort

Der Graupapagei oder Jako, dem diese Darstellung gewidmet ist, lebt seit Jahrhunderten als Hausgenosse des Menschen auf der ganzen Welt. Seit Lockerung der Importbestimmungen wird diese Art wieder in erheblicher Stückzahl für deutsche Vogelliebhaber eingeführt. Gleichzeitig hat die allgemeine Nachfrage nach Großpapageien innerhalb der letzten acht Jahre erstaunlich zugenommen. Dennoch wird unser Afrikaner dabei unverändert stark bevorzugt, und aufgrund seiner bestechenden Vorzüge ist das nur zu begreiflich. So ist, nach den Umsatzzahlen seit 1972, in der Bundesrepublik ein beachtlicher Bestand an Graupapageien vorhanden. Ihm durch diese, zahlreichen Wünschen entgegenkommende, Abhandlung noch mehr Freunde zu gewinnen, erscheint überflüssig. Er bekommt sie automatisch, obwohl schon zuweilen die Nachfrage das Angebot übersteigt.

Deshalb soll dieses Buch andere Erwartungen erfüllen: Graupapageienhalter wünschen sich umfassende Informationen über alles, was sie über gute Pflege wissen müssen. Was zusätzlich an Interessantem über ihre kostbaren Schützlinge zu erfahren ist, wird Haltern wie Kaufinteressenten gleichermaßen willkommene Lektüre sein.

Papageienhalter haben schon immer ein überdurchschnittliches Interesse an ihren Tieren bewiesen. Ich möchte annehmen, daß dies nicht so sehr am Anschaffungspreis und Prestigewert liegt, sondern hauptsächlich an den ungewöhnlichen Eigenschaften dieser Großvögel. Dabei ist die Haltung, Pflege und Ernährung eines gut eingewöhnten Importvogels absolut nicht schwierig. Andererseits muß der Papageienfreund zum Wohlbefinden seines Schützlings einige Regeln beachten, die für die Gattung als typisch gelten müssen, sich also von den Anforderungen für die Betreuung anderer fremdländischer Vögel deutlich unterscheiden. Keine schwierigen Dinge in der

5

praktischen Verwirklichung! Aber eben doch einige ganz individuelle Unterschiede auch in psychologischer Hinsicht.

Ich hatte das Glück, Graupapageien selbst zu besitzen, einige Jahre solche zu handeln, und ihren Weg von den Fängern Afrikas über Flughafenankunft, Verzollung, Quarantäne, Eingewöhnung, Groß- und Einzelhandel bis zum Endbesitzer verfolgen zu können. Schließlich habe ich noch die Graupapageienzucht immerhin jahrelang versucht.

In diesem Titel habe ich alles, was wissenwert ist, übersichtlich gegliedert dargestellt. Im Verhältnis zur jahrhundertealten Beliebtheit des Graupapageis ist es erstaunlich, wie wenig Literatur über ihn angeboten wird. Ich darf deshalb hoffen, mit diesem Titel vielen Interessenten Hilfen und Anregungen geben zu können.

Rethem (Aller), 1979 und 1980   Der Verfasser

Argumente Für und Wider die Papageienhaltung

Ich setze diese Betrachtung an den Anfang, denn wenn Sie noch nicht gekauft haben, könnte sie eine Rolle spielen. Aber auch später, wenn Sie Ihren Jako schon liebgewonnen haben und zur Familie zählen, könnte jemand versuchen, mit Argumenten Ihre Freude zu beeinträchtigen. Die Mehrheit aller von Menschen gehaltenen Großpapageien wird zweifellos im Heimatland aus dem Nest genommen oder eingefangen. Genau das sei Raubbau an unserer Natur argumentieren Leute mit einer Überzeugung, die durchaus ehrenwert ist. Nichtsdestoweniger steht bei unserem Beispiel die Begründung auf schwachen Füßen. Selbst vorzeitiger Tod etlicher Papageien durch Fang, Transport oder die den Körper belastende Futterumstellung, Eingewöhnung und Quarantänebehandlung, ist kein überzeugendes Argument gegen die Haltung im Heim.

Wesentlich mehr freilebende Exemplare werden aus verschiedenen Gründen den vorzeitigen Tod erleiden. Alle in Liebhaberhand befindlichen Großpapageien in der ganzen Welt sind nur ein Bruchteil aus dem freilebenden Bestand der Heimatländer. Nun wird man Ihnen entgegnen, daß einige Arten doch schon recht selten geworden sind, was fortschrittliche Länder zum Erlaß von Exportverboten veranlaßte. Das ist richtig, nur nicht tauglich als Einwand gegen die Vogelhaltung in Käfigen und Volieren. Man weiß sehr gut, welche Maßnahmen und Einflüsse Vogelarten in die Gefahr des Aussterbens gebracht haben. Es ist ganz angebracht, daß sich der Mensch daran mitschuldig fühlt, aber andererseits hat noch nie in der Geschichte der Fang von Wildvögeln zum Zwecke der Käfigung solche Artgefährdung bewirkt. Es ist allenfalls denkbar, daß eines Tages der Fang weiterer Vogelarten für Liebhaberhaltung eingeschränkt oder verboten wird, **nachdem** andere Ursachen **vorher** für deren gefährliche Abnahme gesorgt haben. Wer hätte den Mut, uns die Berechtigung der

Papageienhaltung absprechen zu wollen, deren Geschichte bis weit ins Altertum zurückreicht? Erst die über die Käfighaltung entstandene Liebe zum Vogel, konnte in den modernen Vogelschutz münden.

Auch die ornithologische Wissenschaft konnte erst durch Fang und Haltung von Gefiederten zur Entwicklung und Blüte kommen. Dabei waren die Papageien als besondere Prachtstücke der Natur immer die begehrtesten, dargestellt in den vielen herrlichen Papageienportraits alter Meister.

Und doch ist es heute Mode, zu behaupten, es sei grausam und rückständig einen freiheitsliebenden Vogel in einen Käfig zu sperren, vor allem die intelligenten Arten. Da diene das Tier dann als Statussymbol und Dekorationsgegenstand. Alles was man bestenfalls tun könne, sei, es zu betrachten. Über sein Leben, seine Gefühle und sein typisches Verhalten wisse man so gut wie nichts. Bei jeder Gelegenheit sollte man solcher Auffassung entschieden widersprechen, denn mit diesen begabten Vögeln ist engerer Umgang nicht nur möglich, sondern sogar unerläßlich und dabei sind sogar viele hochinteressante Beobachtungen zu machen. Man lasse nur Papageienliebhaber miteinander über ihre Lieblinge plaudern. Es sind individuelle gefiederte Persönlichkeiten, nicht zu unterschätzen in ihrer Klugheit, und in guten Händen zweifellos auch glücklich, ohne einer Freiheit nachzutrauern, die sie nie gekannt haben.

Ich glaube fest daran, daß die Freundschaft zwischen Papagei und Mensch eine gegenseitige sein kann, und deshalb müssen wir Vogelhalter uns davor hüten, durch Unkenntnis oder Gedankenlosigkeit aufmerksamen Mitmenschen berechtigte Gründe für Vorwürfe gegen unsere Liebhaberei zu bieten! Einen Papagei im Zimmerkäfig kann man nur dann als benachteiligt gegenüber seinen Artgenossen im Urwald betrachten, wenn er in unserer Obhut schlimmer dran ist. Mit anderen Worten: ein Gefangener, ein zufällig lebendiger, kostbarer Dekorationsgegenstand, routinemäßig versorgt, aber ohne

Kontakte und Beziehungen zu seinem Halter, zu Tode gelangweilt und frustriert.

Die Eigenschaften der Papageien, besonders ausgeprägt bei unserem Afrikaner, heben diese Großvögel weit über das Niveau anderer Gefiederter hinaus. Ihr großer Kopf, die ausdrucksvollen Augen und natürlich das Nachahmtalent machen sie sozusagen „menschenähnlicher", als das bei den meisten anderen Vogelarten je der Fall sein könnte. Sie werden das selbst erleben. Wenn es eine Verständigung zwischen Mensch und Vogel gibt, so ist sie zwar häufig mehr Phantasie als Realität, hat aber bei einigen wenigen Papageien einen hohen Grad erreicht. Und nachdem diese Liebe zu ihnen, die zunächst nach dem letzten Weltkrieg einer vergangenen Epoche anzugehören schien, in unseren Tagen eine erstaunliche Renaissance erlebt, lassen wir uns nicht hineinreden.

Drei wichtige Tatsachen sollten wir noch erwähnen. Unter den gefiederten Bewohnern unserer Erde gibt es viele, die man sich vielleicht gern ins Haus nähme. Es scheitert aber an ihrer Unfähigkeit, sich in die Käfighaltung zu schicken. In anderen Fällen wird es schwer sein, naturgemäße Nahrung zu bieten und schließlich sind noch eine ganze Reihe reizender Vögel relativ kurzlebig.

Es ist ein trauriger Aspekt jeder Heimtierhaltung, daß man viele Pfleglinge viel zu früh begraben muß. Gerade dann, wenn sich die Zuneigung voll entwickelt hat, und das Dahinscheiden des Hausgenossen eine schmerzliche Lücke hinterläßt. Mögen auch Sie, lieber Papageienfreund, eines Tages so urteilen, wie ein leidenschaftlicher Vogelliebhaber über seinen Jako: „Den einzigen Kummer machte er mir, als er mich verließ."

Ein glücklicher Umstand ist, daß dieser Fall bei einem Graupapageienpfleger längst nicht so oft vorkommt, wie beispielsweise bei Hundehaltern. Ein Jako hat die besten Aussichten, seinen Besitzer über Jahrzehnte durch das Leben zu begleiten.

Etwas Papageienpsychologie

Was ein Tier körperlich und seelisch an Anlagen für das Frei-leben besitzt, spielt auch bei seiner Haustierwerdung eine wichtige Rolle. Naturgemäß sind Vögel scheue Tiere, die ja normalerweise auch die Möglichkeit haben, Gefahren und Un-bekanntem aus dem Wege zu gehen. Mißtrauen und Ängst-lichkeit sind angeborene Wesenszüge. Nahrungssuche nimmt einen wesentlichen Anteil täglicher Aktivität ein und sorgt automatisch für viel körperliche Bewegung. Reaktionen auf die Umwelt sind bedingt durch Triebe und erworbene Eigenschaf-ten. Bei Vögeln ist der Fluchttrieb wohl der stärkste, aber fast gleich stark ist der Fortpflanzungstrieb.

Schließlich spielt bei Papageien noch der Geselligkeitsdrang eine große Rolle und ist besonders bedeutsam für den Halter. Zur Unterordnung hat der Papagei so gut wie keinen Anlaß, Stärkeren kann er ja aus dem Wege gehen. Die Umwelt im Wohnzimmer aber ist entscheidend anders. Das meiste am menschlichen Leben kann der Papagei nie verstandesgemäß begreifen, sondern sich allenfalls daran gewöhnen. Am wich-tigsten ist dabei seine Erfahrung, daß Dinge, die er nicht be-greift, dennoch nicht die Gefahr bedeuten, die sein Instinkt signalisiert.

Gelegentlich gewinnt der Instinkt aber die Oberhand. Das sind dann Fälle, die die wenigsten Pfleger begreifen. Lassen Sie Ihren Papagei sich auch wie einen Papagei benehmen — ein gefiederter Mensch wird er nie! Daß er sich gelegentlich so be-nimmt, wissen alle Papageienhalter zu berichten, aber obwohl gerade der Jako auf menschliche Stimmen und Laute reagiert, menschliche Zuneigung erkennt und erwidert, und sich seinem Betreuer langsam aber sicher anpaßt, er tut es nicht verstan-desmäßig und bewußt. Ob Sie ihm sagen, daß er lieb ist oder ihn anschreien, weil er ungezogen ist, bedeutet ihm nichts. Nur an Ihrem Verhalten kann er erkennen, ob Sie mit ihm zufrieden oder ärgerlich auf ihn sind. Und das nur unmittelbar! Ein schlechtes Gewissen wegen einer vor einer Stunde vorgekommenen Tat, die in unseren Augen eine Schandtat war, kennt der Papagei nicht. Solange Sie ihn erziehen wollen, wirkt nur das unverzügliche Erlebnis Ihres Unmuts bei schlechtem Benehmen bzw. von Wohlwollen bei positivem Verhalten. Nach einiger Zeit ist der Graupapagei intelligent genug, sich lieber das Wohlwollen seines Halters stets aufs Neue verdienen zu wollen. Daher ist Liebe wirksamer als Strafe.

Ich plädiere gewiß nicht dafür, daß man die antiautoritäre Erziehung bei Jungpapageien praktizieren und ihnen alles, was sie nur tun wollen, gestatten sollte. Das kann sehr unerfreulich auslaufen! Manche häßlichen Unarten muß man schon im Keime zu ersticken versuchen. Aber bei einem so sensiblen Tier genügt schon das Zudecken seines Käfigs und Nichtbeachten für einige Zeit, um ihn für seine Verhältnisse erheblich zu bestrafen. Einen Vogel zu schlagen, ist ganz sinnlos und zerstört nur jede Vertrauensbasis. Ihn zur Strafe hungern zu lassen ist eine Torheit, denn er kann den Zusammenhang nicht wie das Kind begreifen, weil er nicht logisch denken kann. Wenn Ihr Coco bei Ihrem Erscheinen in die hinterste Käfigecke zurückweicht, ist das kein Beweis für den Respekt den er vor Ihnen hat, sondern nackte Angst. Auf solche „Dressur" kann niemand stolz sein.

Zwei psychologisch einleuchtende Erziehungsregeln muß ich zum Schluß dieses Kapitels herausstellen: Wenn das eine Familienmitglied über eine Unart lacht, während ein anderes sich andauernd Mühe gibt, sie dem Vogel auszutreiben, kann es kaum zu einem Erfolg kommen. Wenn der Vogel den einen Tag tun darf, wofür man ihn am anderen Tage bestraft, kann er nur verwirrt sein. Also einigen Sie sich im Familienkreise, was der Jako darf und was nicht. In Lob oder Tadel müssen alle Angehörigen entweder auf der gleichen Linie bleiben oder auf näheren Kontakt mit dem Tier eben ganz verzichten.

Ihr neuer Hausgenosse

Der Graupapagei. Nebenname: Jako
englisch: Grey Parrot
französisch: Perroquet gris
holländisch: Grauwe oder Grize Papegaai
lateinisch: *Psittacus erithacus* (Linné)

Der Graupapagei ist für eine sehr lange Zeit „Der Papagei"
schlechthin gewesen. Wenn man also von einem Papagei
sprach, den man besaß oder gerne besitzen wollte, handelte es
sich um ihn. Das hat wohl daran gelegen, daß unser Afrikaner
zu den ersten großen exotischen Vögeln gehörte, die je nach
Europa gebracht wurden. Nach England, um genau zu sein,
dessen Schiffe damals die Meere beherrschten. Und daß sie
dort zuerst die Lieblinge der Könige und Adligen wurden, ist
vielfach historisch überliefert, nicht zuletzt durch die Testa-
mente, die solchen Graupapageien Leibrenten aussetzten und
bei ihrem Hinscheiden einen Platz im Sarkophag des Besitzers
sicherten. Eine britische Herzogin bestimmte, daß ihr Jako in
Wachs modelliert und mit kostbarem Schmuck behängt ausge-
stellt werden solle. Man stopfte aber stattdessen das Tier nach
ihrem Tode aus. Übrigens ist dies der älteste ausgestopfte Vogel
Europas, zu besichtigen im Museum neben Westminster Abbey.
Inzwischen hat man gelernt, daß es weitere Arten gibt, die
zu pflegen sich genauso lohnt. Denken wir nur an die **Amazo-
nen,** von deren Talent und Anhänglichkeit man genauso
schwärmen darf. Nichts hat sich jedoch durch Jahrhunderte
daran geändert, daß der Graupapagei die wenigsten Unarten
zeigt, selten unangenehm laut wird und unter den sprechenden Vögeln eindeutig der Begabteste ist. Hinzu kommen Ro-
bustheit und Langlebigkeit.
Graupapageien werden überwiegend einzeln als Hausgenossen mit Familienanschluß gehalten. Genau das bekommt ihnen

12

ausgezeichnet, denn so manche Exemplare überleben ihren Besitzer. So war es früher keine Seltenheit, daß man sie vererbte. Wichtig für das Wohlbefinden so intelligenter Lebewesen ist, daß Sie ihnen mit Liebe entgegenkommen und Beweise ihrer Anhänglichkeit und Zuneigung erwidern. Was soll man kaufen, Männchen oder Weibchen? Was besitzen Sie, falls Sie schon gekauft haben? Graupapageien nach Geschlechtern zu identifizieren ist eine ausgesprochen schwierige Aufgabe, auf die wir vor dem Zuchtkapitel eingehen. Das Nachahm- und Sprechtalent ist nicht auf das männliche Geschlecht beschränkt, obwohl sich diese Behauptung hartnäckig hält. Nach meinen Erfahrungen kommen etwas mehr Hähne in den Export nach Europa. Vielleicht kennen die Eingeborenen bessere Unterscheidungsrezepte als wir.

Ein bißchen enttäuscht sind zunächst nur Menschen, bei denen sich der Begriff Papagei mit einem in allen Farben prangenden Vogel verknüpft hatte. Farben, die es so bunt und auffällig eben nur bei Tropenbewohnern geben kann. Bestes Beispiel ist der Ara. Auch wenn Sie in der Zoohandlung beide nebeneinander sehen, lassen Sie sich nicht von der Wahl des begabtesten und in seinen Eigenschaften vollkommensten Vertreters der artenreichen Papageienfamilie abhalten. Bei näherer Bekanntschaft sehen sie, wie wirkungsvoll doch dieses zarte Grau im Kontrast zum Scharlachrot des Schwanzes ist.

Über keinen Vertreter der Psittacidenfamilie gibt es so viele überlieferte Berichte, über keine andere Art hat man schon so frühzeitig geschrieben, und heute steht mehr denn je fest: Afrika kann, was Artenreichtum anbetrifft, nicht mit Australien und Südamerika konkurrieren, aber dafür hat es den hervorragendsten Vertreter der Gattung hervorgebracht. Im Zoo oder Vogelpark mögen seine Talente verkümmern und seine Kollegen ihm mit größerer Figur, längeren Schwänzen, lauterem Geschrei und viel bunterem Gefieder den Rang ablaufen, für die Haltung in der Wohnung aber ist und bleibt der Jako der Star.

Wo kommt er her?

Lassen wir eine Beschreibung vorangehen, die Anfang unseres Jahrhunderts verfaßt wurde: „Die Heimat des Jakos ist West- und Mittelafrika. Dort lebt er in Urwaldsäumen der großen Ströme in großen Gesellschaften zusammen." Heute weiß man mehr. Seit Jahren bereits reisen die einheimischen Fänger und Exporteure, die das Gewerbe von den einstigen Kolonialherren übernommen haben, im Jet zu Abnehmern in der Bundesrepublik. Die meisten kommen aus den Staaten **Tansania** und **Ghana.** Fang und Export bedürfen staatlicher Lizenzen und manche Regierungen verlangen einen Anteil vom Exporterlös. Damit ist gleichzeitig Kontrolle über exportierte Stückzahlen möglich. Mehr theoretisch als praktisch, so darf ich annehmen, nachdem ich Gespräche zwischen Afrikanern und hiesigen Importeuren gedolmetscht habe. Die Nachfrage ist weit größer als das Angebot. Daß der Fang, und lägen die Tatsachen auch weit über den Meldungen, den Bestand gefährdet, glaube ich nicht.

Viele Verbreitungsgebiete liegen in den Krisenherden Katanga, Angola und Malawi und dort hat man ganz andere Sorgen, als Papageien zu fangen. Aber auch in Tansania, Ghana, in Kenia und am Kongo liegen die Fangstationen nur an verkehrsgünstigen Urwaldstellen. Nicht zu weit von einem Exportbüro in einer Stadt und einem Flugplatz von wo man versenden kann. Riesige Gebiete bleiben ungestört. Hinzu kommt, daß an den eingerichteten Fangplätzen nur ein paar Monate im Jahr gearbeitet werden kann, zu anderen Jahreszeiten lohnt es nicht, und diese hat man dann zur Fangverbotsperiode erklärt, was alle Interessen befriedigt. Es besteht zwar nun ein großer Anreiz, bis zum Schlußtermin möglichst hohe Fangergebnisse zu erzielen, um mit dem Bestand bis zur nächsten Saison geschäftlich über die Runden zu kommen, aber andererseits haben afrikanische Vogelhändler oft genug bedauernd erklärt, daß wesentliche Steigerungen der Fangergebnisse nicht möglich seien. Auch der Einsatz von Eingeborenen, die selbständig Junge aus den Nestern nehmen sollten, sei noch nie ein Erfolg geworden, auch nicht für beachtliche Prämien.

Betrachten wir eine Karte Afrikas, so hat sich seit hunderten von Jahren nichts daran geändert, daß *Psittacus erithacus* dort am häufigsten vorkommt, wo 10° nördlich oder südlich der Äquator den schwarzen Kontinent kreuzt, vor allem südlich davon. Aus Liberia, von der Elfenbeinküste und aus Sierra Leone kommt eine Unterart, der sogenannte Timnehpapagei (*Psittacus erithacus timneh*). Von manchen Fachleuten wird er auch Frazer-Timneh-Papagei genannt.

Das Verbreitungsgebiet der beiden Rassen zeigt die Karte auf S. 16. Wie man sieht, kommt eine Rasse sogar auf den vor Afrikas Küste im Golf von Guinea liegenden Inseln Fernando-Poo und Principe vor, und da sie dort etwas anders gefärbt beobachtet wurde, hat man ihr ursprünglich einen eigenen Unterartnamen zuerkannt. *Psittacus erithacus princeps* Alexander. Der Farbunterschied beschränkt sich auf den Schwanz. Die Existenz dieser Unterrasse wird heute von Zoologen angezweifelt, denn man hat Tiere dieser Art auch auf dem Festland gefangen. Geringe Unterschiede in Körpergröße und Gefiederfarben kommen gelegentlich ja auch bei anderen Vogelarten vor.

Der bekannte Papageienkenner Wolfgang de Grahl hat uns freundlicherweise eine neue, authentische Verbreitungskarte aus seiner Chronik über 100 Jahre Graupapageienhaltung zur Verfügung gestellt. Bitte vergleichen Sie mit Globus oder Schulatlas. Erste Berichte sehr ausführlicher Art über das Freileben der Jakos haben wir dem berühmten Ornithologen Dr. Reichenow zu verdanken. Es sind knapp 100 Jahre her, daß er die Hauptverbreitungsgebiete bereiste, und zwar Guinea, die Goldküste, Gabun und die ehemalige deutsche Kolonie Kamerun. Etwas später nahm sich dann der ebenso bekannte Dr. Karl Ruß ausführlicher Berichterstattung für Liebhaber an.

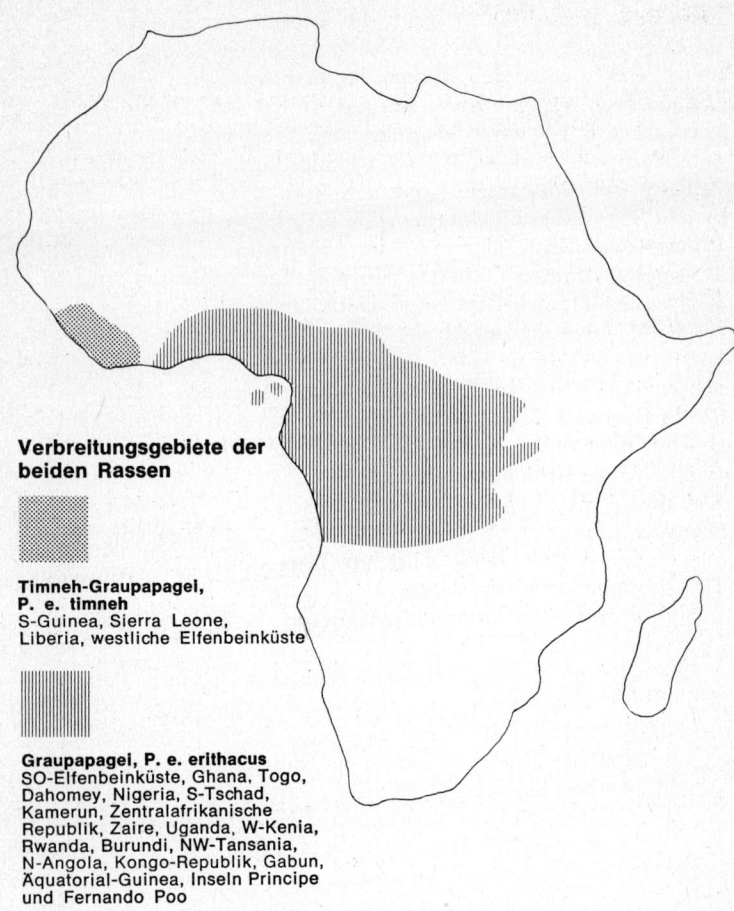

Verbreitungsgebiete der beiden Rassen

**Timneh-Graupapagei,
P. e. timneh**
S-Guinea, Sierra Leone,
Liberia, westliche Elfenbeinküste

Graupapagei, P. e. erithacus
SO-Elfenbeinküste, Ghana, Togo,
Dahomey, Nigeria, S-Tschad,
Kamerun, Zentralafrikanische
Republik, Zaire, Uganda, W-Kenia,
Rwanda, Burundi, NW-Tansania,
N-Angola, Kongo-Republik, Gabun,
Äquatorial-Guinea, Inseln Principe
und Fernando Poo

Entnommen aus Wolfgang de Grahl, „Der Graupapagei"

16

Wie kam er zu uns?

Die ersten Überlieferungen sind nicht nur ungewöhnlich reichhaltig, sondern auch sehr interessant. Um die Jahrhundertwende bis zum Ersten Weltkrieg brachten Eingeborene aus den Nestern genommene junge Graupapageien in die Hafenstädte. Sie hatten die Nestlinge mit Brei, Früchten und vorgekautem Fladenbrot gepäppelt. Arabische Aufkäufer übernahmen die Jungvögel gegen ein Taschengeld, pferchten sie in groben Kisten zusammen, die kaum jemals gereinigt wurden und veräußerten die Überlebenden an Matrosen aus Europa. In der Hoffnung auf ein Geschäft, versuchten diese, in Erfordernissen der Vogelhaltung unbewanderten, Seeleute auf jeder Reise Exemplare bis zum Heimathafen zu bringen. Den Mannschaftsdienstgraden wurde das sehr bald per Verfügung der Reedereien verboten. Stewards, Bootsleute und Maschinenmaate, die eigene Kabinen hatten, fuhren mit dieser Praxis jedoch fort. Häufig gab man den Papageien Schiffszwieback zu fressen und Kaffee zu trinken. Fest verwurzelt war zu jener Zeit der Irrglaube, diese Vögel dürften kein Wasser haben. Hatte man aber mal nichts anderes, gab man einen Schuß Rum hinzu, um Krankheiten vorzubeugen. Unglaublich fast, daß dennoch Graupapageien solche noch recht langen Reisen lebend überstanden.

In Bremen oder Hamburg wanderten sie zu Aufkäufern, die meist schon am Kai warteten. Der Weiterverkauf mit Gewinn erfolgte dann an Abrichter. Letztere veräußerten die mit recht brutalen Methoden einigermaßen gezähmten und zur Beherrschung einiger Worte abgerichteten Jakos schließlich an den Tierhandel. Der Preis um 5 Mark in afrikanischen Hafenstädten war jetzt auf ungefähr 40 Goldmark gestiegen. Natürlich gab es auch Kenner unter Seeleuten mit eigenen Kabinen, die solche Vögel bereits an einen Ständer gewöhnten, wobei sie nicht nur in besserer Verfassung blieben, sondern auch gleich zahmer wurden. Verkauf an private Interessenten nach mündlicher Empfehlung brachte so einen recht ansehnlichen Gewinn.

Dagegen zeigten sich die Folgen der unsachgemäßen Betreuung durch Ungeübte oft noch jahrelang nach dem Schiffstransport. Wegen fragwürdiger Ernährung unterwegs wurde es nicht selten schwierig, Papageien an übliches Körnerfutter zu gewöhnen. Hohe Verluste auf dem langen Weg von den Fängern Afrikas bis in deutsche Wohnstuben waren eine Selbstverständlichkeit, über die sich damals niemand aufregte. Heute sind solche Verluste erheblich geringer.

Die Fänger arbeiten mit Netzen an den Tränken im Urwald. Außerdem werden Eingeborene, die Jungtiere aus den Nestern nehmen, noch immer mit Prämien belohnt. In Eingewöhnungsstationen nahe bei den Fanggründen oder auch in Flughafennähe, werden die Vögel in großen Mengen zusammengebracht. Bei fortschrittlichen Exporteuren heute unter sachkundiger Betreuung und sogar mit tierärztlicher Überwachung.

Der Versand in die Bundesrepublik erfolgt in eigens dafür hergestellten Behältern per Luftfracht unfrei und als Nachnahme an den Besteller, dem auch das Transportrisiko angelastet wird. Er ist bestrebt, auf Vormeldung der Luftverkehrsgesellschaft, pünktlich zur Stelle zu sein, wenn die Sendung ankommt. Die Zollabfertigung muß durchgeführt werden und der Transport per Auto zum Lager. Und nun kann der Importeur keineswegs frei verkaufen!

Nach geltenden Gesetzen muß die gesamte Sendung in eine geschlossene Station überführt werden, wo der zuständige Amtstierarzt prüft, ob die Tiere eventuell gefährliche Seuchenerreger in sich tragen. Das kann durchaus möglich sein, obwohl die Papageien gesund wirken. Obligatorisch ist sodann die medikamentöse Behandlung, deren Erfolg später durch weitere Untersuchungen gesichert wird. Nun kann man selbstverständlich nicht bei nach Hunderten zählenden Importlieferungen jeden einzelnen Vogel untersuchen, sondern nur Stichproben machen. Es bliebe also ein großes Risiko, weshalb bei uns grundsätzlich alle importierten Psittaciden einer Quarantänebehandlung unterzogen werden müssen. Hierbei werden sie wochenlang mit einem Körnerfutter gefüttert, das einen Anteil eines hochwirksamen Antibiotikums enthält. Es ist Gesetz, und die Sicherheit der Bevölkerung verlangt es, daß durch solche erheblichen Belastungen des Vogelkörpers gleich im Anschluß an Anstrengungen des Transportes und Klimawechsel eintretende Todesfälle in Kauf genommen werden müssen.

Wer Gelegenheit hat, Einkaufspreise frei Airport in Afrika zu erfahren, wird sich über den Endpreis im Geschäft etwas wundern. Er sollte aber nicht den falschen Schluß ziehen, daß manche Beteiligten klotzig verdienen wollen. Auf den Einstandspreis muß teure Luftfracht gezahlt werden, bei der Zollabfertigung sind weitere Kosten fällig. Daran schließt sich der Inlandstransport per Auto an. Eine Quarantänestation zu bauen, ist sehr teuer, ihr Betrieb nicht minder und auch der Tierarzt arbeitet nicht umsonst. Das schon erwähnte Medizinalfutter muß gekauft werden. Schließlich noch werden alle Exemplare, die tot ankommen, und ab Ankunft im Lager des Importeurs bis zur Ankunft im Zoo-Einzelhandel noch sterben, den Einstandspreis für die Überlebenden erhöhen. Der Liebhaber kauft als letzter und muß automatisch einen Anteil für den Ausfall mit tragen. Ein letztes Mal gehen die Papageien in Spezialkästen auf die Reise mit der Bahn zu irgendeinem Zoo-Fachgeschäft. Dort muß man sie abholen, unterbringen, betreuen und füttern, bis der Käufer kommt. Daß der Zoohändler auch etwas verdienen möchte, versteht sich von selbst. Aber es ist keineswegs so viel, wie man anzunehmen geneigt sein könnte. Da ich selbst seit fast zehn Jahren nicht mehr mit Graupapageien handele, brauche ich Ihnen nichts vorzuschwindeln, aber ich kenne die Gegebenheiten aus erster Hand. Und so darf man sagen, daß Import-Jakos heutzutage erstaunlich preiswert abgegeben werden. Die Konkurrenz sorgt schon dafür. Und wenn diese begehrten Vögel dennoch langsam aber

2*

sicher teurer werden, so liegt das daran, daß die Afrikaner viel geschäftstüchtiger sind, als man ihnen zutrauen würde. An der überaus starken Nachfrage erkennen sie leicht, wie kostbar und gefragt ihre lebende Ware ist. Wen soll es da wundern, daß sie regelmäßig die Preise erhöhen? Und sehr oft werden ihnen Überpreise ganz freiwillig geboten, nur weil sich deutsche Importeure knappe Mengen unbedingt reservieren lassen wollen. Wer ist schon so dumm und nimmt nicht, was er bekommen kann? Hervorzuheben ist schließlich, daß auch der Staat mit Zoll, Gebühren und Mehrwertsteuer am Endverkaufspreis beteiligt ist.

Wichtiger Hinweis: Graupapageien die den ordnungsgemäßen Einfuhrweg gegangen sind, tragen einen Kennzeichnungsring mit Buchstaben und Nummer am Bein. Unberingt angebotene Vögel könnten geschmuggelt sein, z. B. aus den benachbarten Niederlanden. Die Haltung unberingter Papageien bringt den Besitzer früher oder später in Schwierigkeiten. Fällt sie auf, ist entschädigungslose Beschlagnahme und Tötung wahrscheinlich. Ebenso traurig für das unschuldige Tier, wie schmerzlich für den Vogelfreund.

Unterbringungsmöglichkeiten in der Wohnung

Für den frisch gekauften und noch scheuen Graupapagei ist zunächst ein geeigneter Käfig die beste Unterbringung. Übliche Modelle sind im Verhältnis zur Körpergröße des neuen Pfleglings zweifellos etwas klein. Anschaulicher gesagt: Beim Wellensittich ist das Verhältnis seiner Körpergröße zur Käfiggeräumigkeit ganz erheblich günstiger. Andererseits würden erheblich größere Papageienheime zu teuer und zu sperrig für das Wohnzimmer. Selbstbauten steht natürlich nichts im Wege und es gibt Klettergestelle die über dem Käfig montiert werden. Das ist praktisch, weil so der Kot nicht in die Gegend gestreut wird. Weiterer Vorteil: Der Jako bleibt auch gerne in Käfignähe, statt umherzuwandern und die Einrichtung anzuknabbern. Aufpassen muß man aber jederzeit!

Der bekannte Papageienständer ist geeignet, wenn der Vogel bereits ruhiger und zahmer geworden ist. Mindestens ebenso der Kletterbaum, den man im Wald besorgen und in einem Kübel mit Betonmischung befestigen kann. Nötigenfalls wird das Tier an Ständer oder Kletterbaum, mit Kettenring, Wirbeln und leichter Spezialkette festgemacht. Ein noch scheues Exemplar könnte sich verwickeln oder erhängen.

Mir scheint, die beste und preiswerteste Kombination ist ein handelsüblicher Käfig und ein selbstgebasteltes Klettergestell. Anordnung nebeneinander auf einem niedrigen Tisch, der natürlich kein kostbares Möbelstück sein sollte. Denkbar als Unterbringung ist schließlich auch eine Zimmervoliere. Mit Kletterbaum als einziger Einrichtung neben einer besenstieldicken Sitzstange zum Schlafen an der höchsten Stelle. Über den Bau von Volieren habe ich im gleichen Verlag einen Ratgeber herausgebracht, aber auch Fertigerzeugnisse sind im Handel zu finden.

Die Mehrzahl einzeln gehaltener Graupapageien bekommt einen Käfig. Wenn er ihnen als Schlafplatz, sicherer Zufluchtort und Freßplatz dient, werden sie ihn lieben lernen. Die freiwillige Rückkehr in das Vogelheim nach Zimmerurlaub ist dann auch kein Problem. Hängen Sie keine Schaukel in den Käfig, falls sie den Bewegungsspielraum nur noch weiter einengt. Zu viele Sitzstangen stören ebenfalls. Papageien reagieren nervös und werden wütend, wenn sie sich dauernd den Kopf stoßen. Außerdem wird ihr schöner Schwanz beschädigt.

Welchen Zweck Gitterroste über der Schublade haben sollen, hat noch kein Praktiker einsehen können. Es ist erwiesen, daß gerade Papageien der großen Arten gerne auf weicher Unterlage, also auf einer dicken Lage Vogelsand umherwandern. Ein so großer Vogel macht natürlich entsprechend Schmutz und die mehrmalige Reinigung wird durch das Bodengitter nur erschwert, das zudem extra gesäubert werden muß.

Einigermaßen zahme Exemplare lieben den Aufenthalt auf Ständer oder Kletterbaum entschieden mehr, wobei auch ihr Gefieder in besserem Aussehen bleibt. Ob die Hausfrau soviel Freiheit für das neue Familienmitglied tolerieren will, wird sich zeigen. Sie hat die Mehrarbeit davon, obwohl das mit einem Staubsauger kein Problem sein sollte.

Den Vogel in einer Kammer unterzubringen, wo Schmutzentwicklung und umhergestreutes Futter keine Rolle spielen, kann wirkliche Tierfreunde kaum befriedigen. Außerdem leidet das intelligente Tier in solcher Abgeschiedenheit.

Vielleicht hat der eine oder andere Leser Angaben vermißt, wie groß ein brauchbarer Papageienkäfig sein soll. Solche Information hilft nicht viel, wo die Auswahl bescheiden ist. Aber ich will es nicht ganz an Ratschlägen für den Käfigkauf fehlen lassen. Wählen Sie tunlichst ein Erzeugnis, das speziell für Papageien entworfen wurde. Mit einer quadratischen oder rechteckigen Grundfläche mindestens 50 x 50 oder 60 x 40 cm und einer Höhe von 70 bis 80 cm. Die Decke darf gewölbt sein. Runde Käfige, so elegant sie auch aussehen mögen, wären für diesen Vogel eine Quälerei. Dasselbe gilt für Modelle mit unregelmäßigen Formen, etwa im Stil japanischer Teehäuser.

Für andere Vogelarten entworfene Vogelheime, und der Größe wegen müßten es schon Metall-Flugkäfige sein, haben den Nachteil zu schwach dimensionierter Drähte, die auch zu eng stehen. Mit altmodischen Vogelbauern, die noch einschiebbare Glasscheiben aufweisen, bekommt man bei Papageien leicht Ärger. Meist fassen sie die oberen Ränder mit dem Schnabel, heben die Scheibe hoch und lassen sie krachend wieder hinuntersausen. Früher oder später bricht das Glas, Verletzungsgefahr ergibt sich für den Papagei wie für seinen Pfleger.

Heute sind Kunststoff-Bodenschalen üblich. Werfen Sie einen kritischen Blick darauf, wie leicht der Käfiginsasse deren obere Ränder durch die Gitterstäbe hindurch mit dem Schnabel erreichen kann. Schafft er das zu einfach, dürfte die Schale bald dahin sein und kommt selbst ein kleiner Plastiksplitter in den Magen des Papageis, kann das durchaus zu seinem Ende führen.

Ich habe mir schon mehrmals Abhilfe zum Schutz der Bodenschale einfallen lassen müssen. Dabei habe ich den unteren Teil des Käfigs mit feinmaschigem Drahtgeflecht umgeben oder ihn höher gesetzt, wobei bei üblicher Schalenbauart deren Ränder weiter vom Gitter zurückweichen. Mein bisher bestes Rezept lautet: Metallvorsatzgitter besorgen. Mit Metallsäge oder Kneifzange sorgt man für die richtigen Abmessungen und klemmt diese Gitterstücke zwischen Käfiggestell und Kunststoffboden ein. Die Käfigindustrie richtet sich natürlich nach Mehrheitswünschen der Verbraucher, und die Käufer wünschen sich ein „elegantes" Vogelheim für ihr Wohnzimmer. Könnten auch Praktiker ein praktischeres Modell entwerfen, zwei so unterschiedliche Anforderungen sind schwer auf einen Nenner zu bringen. Ein Bastler könnte sich aus käuflichen Vorsatzgittern zweifellos einen Papageienkäfig nach Maß zusammenbauen. Auf Holzteile muß man dabei aber verzichten.

Wo steht der Käfig am besten?

Ein so vorzeigenswertes Haustier wie unser Jako bekommt eigentlich fast automatisch einen guten Platz im Wohnzimmer. Bei der Wahl des Aufstellungsortes für den Käfig wird also lange nicht so häufig aus Gedankenlosigkeit oder Unkenntnis gesündigt, wie bei anderen Ziervogelarten. Grundsätzlich sollte man sich für einen Dauerplatz entscheiden. Vögel ständig in der Wohnung herumzutragen, macht sie nur scheu. Absolut ungeeignet sind Stellen an denen Zugluft herrscht, an Südfenstern kann pralle Sonneneinstrahlung sogar einem Tropenvogel gefährlich werden und dunkle Zimmerecken wären kaum tierfreundlich. Viele Vogelkäfige stehen zwar in Küchen, was wegen Kochdünsten, ausströmenden Gasen, Wasserdampf und erheblichen Temperaturschwankungen bedauerlich ist. Aber einen wertvollen Papagei wird man wohl selten in der Küche halten wollen.

In richtiger Höhe steht der Käfig, wenn der Insasse den Familienangehörigen auf Brust und ins Gesicht blicken kann. Von tieferem Standort erschiene dem Vogel der Mensch zu riesig, und er würde unnötig ängstlich reagieren. Hoch oben auf einem Wohnzimmerschrank aber steht unser Pflegling genauso schlecht, denn hier fehlt es am nötigen Kontakt zum Betreuer. In geheizten Räumen nimmt die Zimmertemperatur zur Decke hin erheblich zu, oder ebenso gravierend ab, wenn gelüftet wird! Wer so etwas Lebewesen zumutet, handelt gedankenlos. Mehr als 18° braucht der Graupapagei keineswegs, ob es aber am in Aussicht genommenen Platz zieht, verrät eine dort kurz aufgestellte Kerze durch ihr Flackern oder der Rauch einer dort im Aschenbecher abgelegten Zigarette. Unser eigenes Gefühl reicht nicht zur Beurteilung! Uns fällt Zugluft erst dann unangenehm auf, wenn sie für Ziervögel längst bedenklich geworden ist. Unter den Auslösefaktoren für bedrohliche Erkältungskrankheiten steht sie ganz oben.

Die Fensterbank ist deshalb auch problematisch. Fensterritzen könnte man zwar mit Dichtstreifen versehen, was gleichzeitig Heizenergie spart, im Winter aber strahlen normale Glasscheiben starke Kälte ab. Gleich einige Handbreit weiter steigt Warmluft von den Heizkörpern auf. Dabei bleibt kein Vogel auf Dauer gesund, aber viele Vogelfreunde denken einfach nicht daran.

Sollten Sie, wie ich, ein „Allround-Tierfreund" sein und auch noch einen Hund besitzen oder eine Katze (ich habe beides) denken Sie gleich daran, daß diese Vierbeiner großes Interesse für den neuen Hausgenossen entwickeln werden. Mit angelnden Katzenpfoten dürfte ein Papagei fertig werden, und nur die Mieze ist zu bedauern. Der Hund aber, der seine Vorderpfoten auf den Käfigtisch legen und dem Vogel ins Gesicht bellen kann, versetzt ihn unweigerlich in Panik. Gewöhnung ist durchaus möglich, braucht aber Zeit.

Das Vorhandensein eines Fernsehers im gleichen Raum ist unbedenklich, so oft auch das Gegenteil behauptet wird. Für geringe Strahlung sorgen schon die Auflagen an die Industrie und daß Fernseher Hochfrequenztöne abgeben sollen, die nur Tiere vernehmen und von denen sie gequält werden, ist nie bewiesen worden. Zwar bin ich kein Fernsehtechniker, aber eigene Versuche berechtigen mich zur Versicherung, daß Sie sich keine Sorgen machen müssen, sofern Sie mit dem Käfig mindestens 150 cm seitlichen Abstand vom Gerät halten. Aus meinen Experimenten heraus sollte ich aber auf eine Gefahr aufmerksam machen: Ultraschall-Fernbedienungen können zur Quälerei für Haustiere werden, vor allem wenn sich Tiere auf oder in der Nähe der Direktlinie Fernbedienung/Fernseher aufhalten. Der Hund räumt dann meist das Feld. Der Käfig sollte vorsichtshalber nicht so stehen.

Haben wir uns nun unter Beachtung vorstehender Punkte für einen guten Käfigplatz entschieden, sind noch einige Rücksichten auf den Pflegling zu üben, die wir im folgenden Kapitel erläutern wollen.

Eingewöhnung und empfehlenswerte Rücksichtnahmen

Die schwierigste Eingewöhnungsphase hat der Vogel bis zum Verkauf im Zoofachgeschäft überstanden. Wer keine gute Heizung hat, kauft Papageien am besten im Frühjahr oder Anfang Sommer. Die Preise um Weihnachten liegen sowieso höher. Fragen Sie den Verkäufer unbedingt, was der Vogel bisher an Futter bekommen hat und nehmen Sie davon reichlich mit. Nicht futterfeste Importe kommen bei uns nicht in den Handel, aber ohne das gewohnte Futter wird mancher Graupapagei eher hungern, als etwas anderes fressen! Umstellungen und Ergänzungen des Magenfahrplanes können nur langsam Schritt für Schritt geschehen.

Man erspare dem Vogel unnötige Ängstigung. Weicht das Tier zurück, wenn man an seinen Käfig herantritt, sollte das zunächst nur der Betreuer tun, auf keinen Fall jeder Nachbar oder Besucher! Schreien ist in dieser Anfangszeit kein Zeichen von Bösartigkeit, sondern nur eine Angstreaktion. Angst zeigt sich auch noch viel später aus geringfügigen Gründen, etwa bei Angehörigen, die Sonnenbrillen tragen oder wenn der Pfleger in ungewohnter Kleidung erscheint. Hat man das einmal erlebt, so wäre es gut, Wiederholungen zu vermeiden.

Je besser sich der neuerworbene Papagei eingewöhnt, um so mehr wird er sich mit regelmäßig wiederkehrenden Erscheinungen des Haushaltes schließlich abfinden. Andere Haustiere und Kleinkinder haben in den ersten Wochen nichts am Käfig zu suchen. Grapschende Kinderhändchen sind Angstbissen ausgesetzt! Lüften Sie ein Zimmer, in dem geraucht wurde, noch einmal kurz bevor der Vogel schlafen soll, aber Gegenzug dabei vermeiden. Ob Sie den Käfig zudecken ist Ansichtssache. Manche Exemplare zerbeißen das Tuch, aber es ist leicht, irgendeinen Abstandhalter zu improvisieren. Nie sollte man das Licht ausschalten, solange der Jako am Käfiggitter herumklettert. Er müßte schon auf seiner bevorzugten Schlafstange sitzen.

Abb. 1 Spielen tun wir gern

Das Tier aus einem geheizten Wohnzimmer zum Schlafen in einen kälteren Raum zu bringen, ist keineswegs gesund, wie man meint, sondern löst Erkältungen beim Vogel aus, die Vorstufe ernsterer Erkrankung werden könnten.

Aber wenn wir auch darauf verwiesen haben, daß der Papageienkäfig immer am gleichen Platz bleiben sollte, so gelten wenige Ausnahmen: Wenn Sie sich zu einer lautstarken Party oder einer Skatrunde zusammensetzen, wobei der Qualm von Rauchern aller Kategorien bald die Luft verpestet, ist es tierfreundlicher, den Papagei in einen anderen Raum zu bringen. Männer unter den Papageienfreunden denken schließlich noch daran, daß sie meistens nicht daheim sind, wenn ihre Ehehälften zu Hause ausgiebig ans Lüften und Putzen gehen. Im Drange dieser oft auch unter Zeitdruck absolvierten weiblichen Tätigkeit kann vergessen werden, daß Lora solange unbedingt mit einem dichten Tuch vor Zugluft und Ängstigungen bewahrt werden muß. Am besten also legt man das Abdecktuch jederzeit gut sichtbar hin, damit man stets an diese Vorsorge erinnert wird.

Das spielende Radio schadet selbst dann nichts, wenn es den ganzen Tag dudelt. Eher regt es sogar an, und ist ein gutes Mittel, dem gesellschaftsbedürftigen Tier das Gefühl der Einsamkeit zu nehmen, wenn man mal keine Zeit für es hat.

Eine häufig gestellte Frage lautet, wie lange denn die Eingewöhnung wohl dauere? So mancher Papageienhalter verzweifelt darum auch, wenn es innerhalb der üblicherweise angenommenen Zeit bei seinem Pflegling noch nicht geklappt hat. Ich denke, vor Ablauf eines Jahres soll man keinen Graupapagei als hoffnungslosen Fall betrachten, denn jedes Tier hat seine ureigenen Anlagen. Voraussetzung für jede Zahmheit ist die gefestigte Überzeugung, daß ihm keine Gefahr drohe. Sie wissen nicht, was das Tier erleben mußte, bevor es zu Ihnen kam. Unweigerlich hatte es unangenehme Erfahrungen mit Menschen.

Sehr lebhafte, laute Jungpapageien haben nicht selten die besten Anlagen für das spätere Sprechenlernen. Da jedoch menschliche Wörter und Sätze eine dem Vogel nicht vertraute Lautäußerung sind, braucht er Zeit für das Umlernen — mal mehr, mal weniger.

Ein Ratschlag für die ersten Wochen steht an sich im Widerspruch zu vielen gedruckten Empfehlungen und dem inneren Drange des Liebhabers. Dennoch will ich ihn geben: Die ersten 14 — 20 Tage lasse man neu erworbene Papageien nach den starken Eindrücken des Transports und einer nun völlig neuen Umgebung bis auf die Versorgung mit Wasser und Futter völlig in Ruhe. Dabei gewöhnen sie sich am besten an das Aussehen des Zimmers und der Möbel. Nicht zuletzt auch an das, was in der Haushaltsroutine täglich vor sich geht.

Einem Kind könnten Sie bei allen Gelegenheiten beruhigend sagen, daß ihm nichts passieren kann. Der intelligente Vogel aber kann gleiches nur durch Erfahrung lernen und sicher nur dann, wenn sich die gleiche Situation schon mehrfach wiederholte. Möglicherweise haben Sie den Eindruck, er sei sogar zu ängstlich, an sein Futter zu gehen. Häufig frißt er die ersten Tage im neuen Heim nur dann, wenn er ganz allein im Zimmer ist. Gönnen Sie ihm wenigstens zweimal täglich eine halbe Stunde Alleinsein.

Man sagt im allgemeinen, es sei grausam, sich als Berufstätiger intelligente Einzelvögel zu halten, die sich den lieben langen Tag allein zu Hause langweilen müßten. Nach vollzogenem engem Familienanschluß ist das zweifellos richtig. In der Anfangszeit aber darf man das Tier nicht mit zu vielen neuen Eindrücken überfordern. Drei bis fünf Stunden tägliches Alleinsein ist bei unserer heutigen Lebensweise wohl kaum auszuschließen. Das schadet auch keineswegs, sofern Sie nur in der Zeit Ihrer Abwesenheit dafür sorgen, daß sich der Graupapagei in seinem Käfig betätigen kann. Möglichkeiten gibt es viele.

Zweckmäßige Behandlung ist nicht schwierig

Hier wollen wir nicht auf Unterbringung, Fütterung und Körperpflege eingehen, die in getrennten Kapiteln beschrieben sind. Hier kommt es mir darauf an, zu zeigen, wie man sich als Mensch auf das Zusammenleben mit einem Großpapagei einstellen sollte. Er ist nun mal wesentlich anspruchsvoller als Wellensittich oder Kanarienvogel.

Da wäre zunächst zu betonen, daß bei Papageien wie bei jungen Hunden der gleiche Fehler unerfreuliche Folgen hat. Ein Haustier das sich den größten Teil des langen Tages langweilt, kommt auf alle möglichen Ideen, sich so zu betätigen, wie es der Besitzer wohl kaum schätzt. Nun kann ein Papagei sicher nicht alles in Stücke reißen wie ein Hundewelpe, aber er kann seine Sitzstangen durchnagen, Schale oder Scheiben seines Käfigs demolieren, Futtergefäße umstürzen oder Futter und Käfigsand durch die Wohnung streuen. Also biete man ihm im eigenen Interesse jederzeit Möglichkeiten zur Zerstreuung ohne Zerstörungen:

▶ Berindete Zweige zum Benagen
▶ Einen Vollgummiball oder eine leere Garnrolle zum Spiel
▶ Vielleicht sogar einen Kauknochen für Hunde
▶ Ein aufgehängtes Stück starkes Hanfseil zum Klettern
▶ Eine kleine Holzhantel, die man selber schnitzen kann
▶ Schaukeln oder Sitzringe nur in geräumigem Käfig

Keine Zelluloidpüppchen oder dergleichen wie sie für Wellensittiche verkauft werden. Keine Spiegel oder Schellen mit Kettchen, denn daran hat sich schon mancher Papagei schwer verletzt.

Manche Schrecksituationen, wie z. B. Tiefflieger, kann man heutzutage nicht ausschalten. Aber ein guter Pfleger denkt darüber nach, wie er seinem gefiederten Freund wenigstens unnötige Angstmomente ersparen kann. Nicht nur seiner

Zahmheit wegen. Erschreckte Papageien toben nicht selten so im Käfig herum, daß sie sich schwer verletzen. Nicht einmal Herzschlag infolge Aufregung ist ausgeschlossen. Wenn man also solche Situationen nicht vermeiden kann, beruhige man das Tier durch Anwesenheit und Zuspruch. Bei Gewittern z. B. unbedingt, sofern sie tagsüber auftreten. Nachts schalte man auf jeden Fall die Zimmerbeleuchtung ein, um die Wirkung der Blitze zu mildern.

Egal wie man sich vorher darüber geeinigt haben mag, wer die Hauptperson für einen einzeln gehaltenen Papagei werden soll — das Tier kann einen Strich durch diese Rechnung machen. Manche von mir gehaltenen Papageien flirteten im wahrsten Sinne des Wortes mit meiner Frau, obwohl sie Angst vor ihren Schnäbeln hatte und sich kaum um sie kümmerte. „Aha, das waren eben Damenvögel", wird sich mancher Leser jetzt denken. Ein Aberglaube, auf den wir noch zu sprechen kommen. Wer will schon ergründen, weshalb sich ein intelligentes Tier zu einer Person mehr hingezogen fühlt als zu einer anderen? Austreiben kann man es kaum. Am besten nimmt man Rücksicht, auch wenn es für einen selbst vielleicht etwas schmerzlich sein sollte.

Für das Erziehen junger Papageien gelten etwa dieselben psychologischen Grundregeln wie für junge Hunde. Maßnahmen, um Unarten abzustellen, müssen zeitlich unmittelbar auf die „Tat" folgen. Nur so kann sich dem Vogelgehirn Ursache und Wirkung einprägen. Den Papagei zu schelten, ihn gar anzuschreien oder mit Finger oder Stock zu drohen, hat wenig Sinn. Eher wirkt schon die zeitweilige „Dunkelhaft" unter einem schweren dunklen Tuch, das über den Käfig gebreitet wird. Nun hätte das gar keinen Nutzeffekt mehr, wenn die zu bestrafende Schandtat zehn Minuten zurückliegt oder gar geschah, als man nicht dabei war und erst jetzt auffällt. Obwohl es natürlich oft so scheint, diese Vögel können nicht abstrakt denken wie z. B. Kleinkinder. Nur im Zeitpunkt größter Unart muß das Abdecken blitzschnell und meinetwegen auch unter lautstarker Schelte erfolgen. Und dann geht man natürlich auch nicht, wie ich das von Frauen kenne, schon ein paar Minuten später hin, und hebt mitleidig dem armen Tier das Tuch schon wieder von seinem Käfig, obwohl es darunter noch tobt und Krach macht. Konsequent wartet man ab, bis sich der Vogel völlig beruhigt hat. Beim Wiederaufdecken gibt man sich betont freundlich und offeriert vielleicht sogar einen Lekkerbissen. So allein kann sich die gewünschte Verknüpfung von Unart, und Nachteilen wegen der Unart ergeben. Die Methode hat sich bewährt, denn später muß man dem Papagei nur noch das Tuch zeigen, um ihn von seiner unerwünschten Betätigung abzubringen.

Die Fütterung

Man füttere nach der ersten Eingewöhnung zweimal täglich zur gleichen Zeit und in gleichen Mengen. Letztere findet man bald im Erfahrungswege heraus. Im Napf darf man allerdings Körnerhülsen nicht mit Restfutter verwechseln. Ich brauche wohl nicht zu begründen, wie schlecht sich unregelmäßige Fütterungszeiten auswirken. Zweifellos können Sie sich vorstellen wie es wäre, wenn es bei Ihnen zu Hause keine regelmäßigen Mahlzeiten gäbe. Oder soll ich einen gravierenden Nachteil aufzeigen? Nun gut: Da empfindet das Tier stundenlang einen zunehmenden Hunger und wenn es dann Futter gibt, stopft es sich voll und frißt viel zu hastig. Soll das etwa gesund sein? Jedes Tier muß sich in einen gleichbleibenden Tagesrhythmus hineinfinden. Dabei dürfen die speziellen Verhältnisse im Haushalt selbstverständlich maßgebend sein. Jeder Vogel braucht nach ausgiebiger Nachtruhe unbedingt ein Frühstück, aber das ließe sich kurz vor dem Lichtausschalten abends noch arrangieren. Die Hauptmahlzeit kann zu jeder Tageszeit gereicht werden. Bei Haltern mit Schichtdienst wäre das gar nicht anders möglich. Hauptsache, man bleibt für die Zukunft bei einer einmal eingeführten Regelung. Das ist wirklich sehr wichtig.

Das Futter

Mit einer Paketfuttermischung angesehener Marke haben Sie erst einmal einen vernünftigen Grundstock. Vielleicht ist es überflüssig, Bestandteile zu nennen. Ich will es dennoch tun:

  Sonnenblumenkerne, verschiedene Farben und Größen
  Sonnenblumenkerne, weiß
  Spitzsamen oder Glanz
  Hanfsaat mit Maßen
  Mais, ganz oder zerkleinert
  Weizen, Hafer, Kolbenhirse, einfache Hirse
  Erdnüsse, in der Schale oder nur Kerne

Kaufen Sie sich in der Fachhandlung eine Tüte Sonnenblumenkerne extra, und füllen Sie einen getrennten Futternapf damit. Andernfalls wird der Hauptfutternapf mit der Körnermischung nach weiteren Sonnenblumenkernen durchwühlt und eine Menge der anderen Bestandteile verstreut.

Vorschlag für die Fütterungsweise

Morgens: Näpfe herausnehmen, Spelzen ausblasen, Körnermischung aus dem Paket auffüllen. Ein grünes Blatt oder ein

Abb. 2 Praktischer Napfhalter, am Gitter anzuschrauben

Viertel von einem süßen, weichen Apfel zwischen die Gitterstäbe stecken. Nötigenfalls mit hölzerner Wäscheklammer befestigen. Auch mal ein Stück Zweig mit Rinde. Wassernapf reinigen und mit nicht zu kaltem Wasser neu füllen.

Nachmittags: Hauptnapf auffüllen. Im getrennten Napf jetzt extra Sonnenblumenkerne geben. Obenauf einige geröstete Erdnüsse mit Schale legen.

Abends vor 20 Uhr: Für die Fernsehzeit, in der der Vogel sowieso noch nicht zur Ruhe kommt, die aber die Familie haben möchte, kann man ein Stück abgekochten Fleischknochen zum Benagen geben. Vielleicht ersatzweise auch einen kleinen Hundekuchen oder einen Zwieback.

Zusammensetzung verschiedener Futterarten

Angaben in Gramm pro 100 g (= Prozent)

Futterart	Kohlehydrate	Roh-Eiweiß (Protein)	Fett	Ballast- stoffe
Sonnenblumensaat nur innerer Kern	6	20	54	4
Mais orange	69	10	3—5	2,5
Hafer mit Schale	57	11	4—5	10
Glanz (Spitzsamen)	52	15	5—6	9
Hirse (auch Kolben)	60	12	4	8
Hanfsaat	20	23	32	12
Erdnüße o. Schalen	11	26	44	5
Äpfel frisch	14	0,2	0,2	2,4
Möhren frisch	9,5	1	0,2	1
Salat (Grünfutter)	ca. 30	1,5	—	0,5

Anmerkung: Obwohl innere Kerne der Sonnenblumensaat im Fettgehalt die Hanfsaat noch übertreffen, sind 50 % Futteranteil von Sonnenblumenkernen unbedenklich, während schon 5 % Hanf unter Umständen zu viel sein könnten. Warum, das ist bisher wenig erforscht. Man weiß es einfach aus überlieferten Erfahrungen.

3*

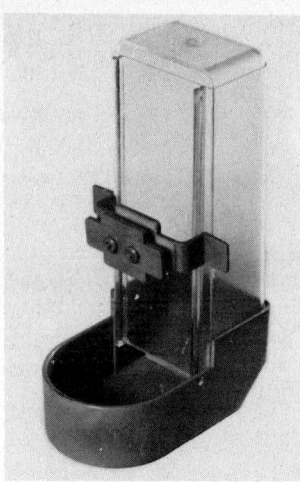

Abb. 3 Besonders stabile Futterautomaten wie dieser, sind brauchbar

Es gibt aber keine bindenden Vorschriften, wie die Fütterungsroutine auszusehen hat, von den erwähnten Grundregeln abgesehen.

Bedenken Sie: Alles was freßbar ist, aber gleichzeitig etwas Mühe macht, ist für einen Papagei besonders wertvoll. Wie müssen seine wilden Artgenossen täglich stundenlang mühsam auf Nahrungssuche gehen. Wie gesund ist dabei die Körperbetätigung! Gekäfigte Papageien langweilen sich schnell, denn es fehlt ihnen an naturgemäßer Bewegung. Wenn sie sich wenigstens mit dem Futter etwas beschäftigen können, ist das eine großes Plus. Ganze Äpfel, Möhren, Rindenzweige und Nüsse mit der Schale halten die Tiere in natürlicher Weise eine zeitlang beschäftigt.

Das wichtigste Beifutter ist und bleibt der jederzeit verfügbare Apfel. Eine halbweiche, süße Qualität, wie sie auch Ihnen schmeckt, also keine wurmstichigen, halbreifen Falläpfel, keine billigste Kochqualität die quietschsauer ist und keine sehr harten Sorten. Die würde er zwar zerbeißen, aber kaum davon fressen.

Andere Obstsorten und grüne Blätter, ausgenommen Kohl, darf man auch anbieten, nur ist stets der Kot im Auge zu behalten. Wird er mal sehr flüssig, muß Ihr Pflegling ein paar Tage nur mit Körnersaaten auskommen. Ob er Kolbenhirse schätzt, sollten Sie herausfinden.

Berindete Zweige und Stücke von Ästen sind Beinahrung und Spielzeug zugleich. Nimmt man sie von Obstbäumen, dürfen sie nicht mit Chemikalien gespritzt sein. Besorgt man sie auf einem Spaziergang, dürfen sie stammen von:

Weide	Vogelbeerbaum	Holunder (manchmal)
Pappel	Erle	Esche
Weißdorn	Ahorn	Linde

Eiben und Nadelholzbäume sind giftig, Eichen und Birken wenig vorteilhaft. Der Nährstoffgehalt von Rinden ist im Frühling am höchsten und nimmt danach stetig ab.

Ein ausgerupfter Grasbüschel mit Wurzeln und Erdresten ist für viele Großpapageien ein Fest, Melonen- und Kürbiskerne für manche Exemplare ein Leckerbissen. Vogelbeeren und reife Hagebutten im Herbst sind süß und appetitanregend, halbreife Maiskolben eine Delikatesse, die aber anfänglich Durchfall auslösen könnte.

Versorgung mit Kalk

Grit wird kaum aufgenommen und ist auch zu klein. Sepiaschalen in kurzer Frist zu feinstem Mehl zu zernagen, macht Graupapageien viel Freude, nützt aber nicht viel. Harte Kalkpicksteine aus dem Zoofachgeschäft sind das beste oder Naturkalkstein wenn Sie in der richtigen Gegend wohnen. Abgekochte Eierschalen sind auch nicht übel, falls Sie nicht züchten wollen.

Leckerbissen

Vor allem Nüsse aller Arten sind geeignet. Werden sie vorher geknackt, gibt's keine Annahmeprobleme, aber den Papageien macht es Freude, die Nüsse selbst zu öffnen. Bei jungen Exemplaren kann es notwendig sein, daß der Pfleger wenigstens einen Anfang macht, bis die Schale einen Riß hat. Manche Vögel lieben Weintrauben sehr. Große Sultaninen, über Nacht in Wasser geweicht, sind eine gute Alternative. Bananen nehmen nicht alle Papageien. Trockene Kekse darf man geben, nicht aber solche mit Schokoladenüberzug oder Fettglasur.

Menschliche Nahrungsmittel

Was wir essen, ist nur in wenigen Ausnahmen als Leckerbissen für Vögel zuträglich! Das gilt immer, ganz gleich wie gerne der Jako davon fressen mag. Striktes Verbot gilt für Fett in jeder Form! Tabu sind also Speck, Butter, Wurst und Käse, riskant für die Vogelleber sind Bier und andere Alkoholika, ebenso Nescafe. Normalen dünnen Kaffee darf man eventuell geben. Zugelassen sind außerdem:

> Röstbrot oder Rinde frischer Brötchen
> Pellkartoffeln, gekocht ohne Salz
> Gekochtes Rindfleisch ohne viel Fett
> Weiche, knorpelige Knochen von Hähnchen oder vom Kalb
> Ein Stückchen gekochtes Gemüse, außer Kohlsorten

Wertvoll ist schließlich auch ein Stückchen hartgekochtes Frühstücksei, Eigelb und Eiweiß, nicht öfter als zweimal wöchentlich. Es hat einen reichen Gehalt an wertvollen Nähr- und Aufbaustoffen.

Sie sehen, es ist gar nicht schwierig, seinem Graupapagei neben dem Grundfutter aus Körnersaaten ein abwechslungsreicheres Menü zu verschaffen. Das kommt seiner Gesundheit enorm zugute. Unser Pflegling ist, was seine Geschmacksvorlieben anbetrifft, ein großer Individualist. Sofern ich geeignete Nahrungsbestandteile nicht aufgeführt habe, obwohl sie anderweitig empfohlen werden, will das nicht unbedingt besagen, daß sie minderwertiger oder wesentlich schlechter wären. Ich habe sie nur nicht probiert.

Eine unerläßliche Kontrolle darüber, ob das Futter bekommt, sollte die laufende Beobachtung des Kots ergeben. Einen einigermaßen zahmen Graupapagei kann man auch wie ein Baby wiegen, um seine Entwicklung, d. h. vor allem sein Gewicht unter Beobachtung zu halten. Ich habe das Tier stets in einen Kanarien-Kleinkäfig geschoben, und diesen erst mit, dann ohne Vogel gewogen. Viele meiner Papageien lernten diese Prozedur lieben, weil ich ihnen danach stets einen besonderen Leckerbissen als Belohnung offerierte.

Einige Beobachtungen aus der Praxis

Frische, halbreife Maiskolben führen anfänglich leicht zu Durchfall. Zuviel Hanf in der Körnermischung kann das gefürchtete Selbstrupfen und Federfressen begünstigen und außerdem erregt Hanf den Vogel. Die Fälle sind häufig, in denen man Hanf ganz weglassen muß. Manche Nüsse sind faul oder bitter, wie wir aus der Weihnachtszeit wissen. Bei zu flüssig gewordenem Kot ist Grünfutter und Obst sofort zu entziehen, gekochter Reis, trockene Zwiebäcke und Haferflocken wirken dagegen stopfend. Nascht der Papagei an scharf gewürzten Speisen, bekommt er Hautjucken. Ein so begünstigtes Federpicken kann zur Gewohnheit werden! Der Vogelkörper ist anlagemäßig nicht gerüstet, sich Reserven für Mangelzeiten anzulegen. Gerade der Graupapagei benötigt eine hochwertige, energiereiche Ernährung. Eine Mahlzeit zu überschlagen, kann er nur in Ausnahmefällen schadlos verkraften.

Wichtig

Eine Menge der zu den reinen Körnerfressern gezählten Ziervögeln in Liebhaberhand kann mit Vorteil eine Zufuhr von tierischen Proteinen (Eiweiße) vertragen. Zumal sie ja ihre

Jungen auch mit lebenden Kleintieren atzen. Beim Graupapagei ist das nicht entfernt so wichtig.

Falls Sie Ernährungsschwierigkeiten haben

Es ist schon in über 100 Jahren vielfach bewiesen, daß unser Pflegling selbst krasse Ernährungsfehler über Jahre hinweg erträgt. Dabei brauchen die Halter nicht einmal bewußt falsch zu füttern, denn es gibt Exemplare, die einen seltsamen Geschmack entwickeln und mit Vorliebe Dinge fressen, die normalerweise nicht als empfehlenswert aufgeführt worden sind. Gegen das Normalfutter aber sperren sie sich gleichzeitig mit scheinbar unüberwindlichem Eigensinn. Dann muß man ihnen wohl geben, was sie fressen möchten. Aber es wäre nie gut, auf die Angebote besserer Dinge ganz zu verzichten, denn eines Tages mag es mit deren Annahme ja doch noch klappen. Zum Aufzucht- und Päppelfutter für nestjunge Graupapageien finden Sie Vorschläge im Zuchtkapitel.

Freiflug im Wohnzimmer

Zum gefährlichsten, aber leider verbreiteten Leichtsinn gehört es, Käfigvögel, gleich welcher Art, viel zu früh und vor Erreichen einer gewissen Zahmheit aus ihren Käfigen zu lassen. Unfälle lassen sich erst recht nicht beim etwas schwerfälligen, gewichtigen Graupapagei vermeiden, wenn man ihn erst mit Gewalt nötigt, sein Vogelheim zu verlassen, um ihn nachher umherzujagen und zu ergreifen, damit man ihn wieder unter Verschluß bekommt. Selbst wenn das Tier und sein Besitzer ohne Verletzungen davonkämen, so wird doch der gutgemeinte Ausflug für den Vogel zur schrecklichen Erfahrung. Angst kann man ihm kaum auf eine wirksamere Art und Weise anerziehen, womit er Menschen fürchtet und kaum noch vertraut mit ihnen wird, was wir doch erwarten. Wie man einen Jako dazu erzieht, freiwillig seinen vertrauten Käfig zu verlassen und ungescheucht die Umgebung Stück für Stück zu erkunden, beschreiben wir im Kapitel „Zähmung".

Lassen Sie keine Elektrogeräte eingeschaltet, wenn der Vogel draußen ist und ziehen Sie stromführende Kabel aus der Steckdose, denn wenn er sie zerbeißt, bekommt er einen tödlichen Schlag. Halten Sie das auf dem Teppich umherwandernde Tier der Zimmertür fern, denn es könnte jemand plötzlich hereinkommen und ihm die Tür gegen den Kopf schlagen oder auf ihn treten. Niemals den Vogel jagen, denn beim Anprall an harte Gegenstände sind Schädelbrüche, tödliche Blutergüsse und Knochenbrüche häufig vorgekommen. Papageien öffnen angelehnte Fenster mit Leichtigkeit, der Luftzug weckt ihre Neugier. Im Interesse der neuen Freundschaft empfehle ich Ihnen, nicht längere Zeit aus dem Zimmer zu gehen, wenn Ihr Graupapagei Käfigurlaub hat. Größtes Vergnügen aller Krummschnäbel ist es, irgendwelche Dinge anzuknabbern und zu zerbeißen. Sind kostbare Möbel oder Tischdecken die Leidtragenden, so ist das bedauerlich. Der Vogel ist schon der intelligenteste, den wir auf Erden kennen, aber er kann niemals erkennen, was uns wertvoll erscheint. Gut zu wissen, ist sicherlich, was Sie tun sollen, wenn Ihr Schützling ins Freie entkommen ist. Ist er schon fingerzahm, fangen Sie ihn mit guten Chancen wieder ein, denn weit fliegt er meist nicht. Im Auge halten ist das Allerwichtigste, den Käfig mitnehmen und eventuell die Dunkelheit abwarten. Diese Sorge entfällt, wenn Ihr Papagei gar nicht voll flugtauglich ist. Wie man das auf verschiedene Weise, zeitweilig oder endgültig, erreichen kann, ist in einem Extrakapitel beschrieben. Vielleicht nicht so ideal ist die Flugunfähigkeit für Halter, die mehrere Etagen hoch wohnen. Dazu einige Beispiele aus meiner Praxis zur Erläuterung.

Eine befreundete Familie nahm ihren Coco im Hochhaus stets mit auf den Balkon. Das war im 6. Stock, wo er gerne in der Sonne frei auf dem Balkongitter über dem Abgrund zu sitzen pflegte. Ich selbst hatte einseitig die Schwungfedern beschnitten. Wegfliegen konnte er also einstweilen nicht, aber ich warnte oft, man möge ihn doch wenigstens anketten. Eines Tages, nach einem Wolkenbruch im Hochsommer, rutschte das handzahme Tier vom noch regennassen Balkongitter ab. Wie ein Stein stürzte es in Spiralen 20 Meter tief auf den asphaltierten Parkplatz und brach sich das Genick. Wie wenig doch manche Leute vorausschauend denken können!

Eine ältere, alleinstehende Frau, der ich erst vierzehn Tage zuvor einen jungen Graupapagei verkauft hatte, rief mich schluchzend an, um mir zu sagen, daß der Vogel seine Käfigtür geöffnet habe und durch das Fenster auf den Küchenbalkon geklettert sei. Was sollte sie nur tun? Dieses Exemplar war schon mangelhaft befiedert angekommen, als erstes verkauft worden und konnte nur schlecht fliegen. So riet ich der Besitzerin, vorsichtig die Balkontür so weit wie möglich zu öffnen, und innen im Raum den Käfig auf den Boden zu stellen. Auf keinen Fall sollte sie selbst in Erscheinung treten. Bestimmt wäre das Tier freiwillig in seinen Käfig zurückgekehrt, aber die Halterin hatte keine Geduld, trat rufend mit dem Käfig auf den Balkon hinaus und der erschreckte Vogel strich ab. Zwar landete er lebend in den Anlagen, aber dort schnappte ihn ein Hund und biß ihn sofort tot. Entgegen meinem Rat verklagte die Papageienhalterin den Hundebesitzer auf Schadensersatz. Sie verlor die Klage, wie ich vorausgesagt hatte.

Wir lernen daraus, daß beim Wiedereinfangen freigekommener Papageien hastige Bewegungen zu vermeiden sind. Für den Fall, daß Sie nur noch mit einer Suchanzeige in der Zeitung nach Ihrem Pflegling fahnden können, sollten Sie ein Farbfoto von ihm besitzen und die Ringnummer notiert haben, denn das sind Ihre einzigen Eigentumsbeweise. Beileibe nicht jeder Fänger eines so kostbaren Vogels wird sich melden, aber zuweilen bekommt man von Dritten einen Tip. Die vielleicht beste Fangmethode ist es, die Dunkelheit abzuwarten, den Flüchtling mit einer starken Stablampe zu blenden und mit einem Anglerkescher vom Sitzplatz zu holen.

Körperpflege und Bad

Sowohl für uns Menschen, wie auch für die mit uns in engem Kontakt lebenden Haustiere, ist Körperpflege Notwendigkeit, und nicht etwa überflüssiger Luxus. Zur Körperpflege eines Vogels gehört das Bad an erster Stelle. Ein geeignetes Badehaus für Vögel von Papageiengröße bekommt man jetzt auch im Fachhandel. Die natürliche Badeweise besteht darin, daß sich unsere Jakos zeitweise dem Regen aussetzen. Sie breiten dabei langsam ihre Flügel aus, und kuscheln sich womöglich auch noch in nasse Laubzweige oder Gräser. An das Bad in einer fingertief gefüllten Schüssel könnte man sie gewöhnen. Manche Papageien baden sehr gerne unter schwach aufgedrehtem Wasserhahn im Spülbecken. Nicht jedem Halter sind diese Lösungen sympathisch, deshalb empfehle ich auch ein lauwar-

Abb. 4   Papageienbadehaus aus Kunststoff (22 x 16 cm)

mes Brausebad aus dem Zerstäuber, wobei man aber darauf achtet, daß das Tier nicht bis auf die Haut durchnäßt wird. Nur das Obergefieder soll gut befeuchtet werden, was zum Putzen anregt, und die allerbeste Gefiederpflege darstellt die es geben kann. Trocknen muß der Papagei unbedingt an einem warmen, absolut zugfreien Platz. Es ist denkbar, seinen Käfig an windstillen Sommertagen auch einem schwachen Dauerregen auszusetzen. Bedenklich ist das aber in Industriegegenden, wo das Regenwasser nicht sauber ist. Käfige sind zwar meist rostfrei, aber die Anschaffung eines billigen oder selbstgemachten Zweitkäfigs nur zum Baden wäre zu überlegen.

Wie oft baden?

In warmen Sommermonaten jeden zweiten Tag, im Winter in einem warmen Raum zweimal wöchentlich. Der beste Zeitpunkt liegt zwischen morgens 10 Uhr nach dem Fressen bis zur Mittagszeit. Nur völlig gesunde Tiere baden! Nie dann, wenn sie gerade schläfrig sind und nicht gegen Abend. Würden Sie naß zu Bett gehen wollen? Halten Sie gut Abstand mit dem Sprühgerät, damit das lauwarme Wasser wirklich dünn wie Regen und von oben auf den Körper fällt. Sie sehen schon, wenn Ihr Schützling genug hat oder womöglich auch mal mehr Wasser haben will. Daß er bei den ersten Versuchen mit der Wasserspritze scheu reagiert, ist völlig normal. Später setzt er sich schon in Positur, wenn er Sie mit der Spritze kommen sieht, wie ich es oft erlebt habe.

Krallen- und Schnabelkontrolle

Die beim Freileben sich ständig abnutzenden Krallen werden bei Käfigvögeln oft zu lang. Hängenbleiben in Stoffen und Gardinen kann dann zu Beinbrüchen oder zumindest Verrenkungen führen. Ist das Beschneiden nicht zu vermeiden, benötigt man eine stabile Nagelzange. Die Prozedur erfordert Erfahrung, wenn man vermeiden möchte, die Blutader anzuschneiden, was dem Papagei sehr weh tut. Also niemals zu kurz, sondern lieber einmal öfter schneiden. Blutungen mit Blutstillstift oder eiskaltem Wasser stillen. Dabei kommt es sehr darauf an, wie zahm Ihr Exemplar ist. Vielleicht überlassen Sie das Krallenschneiden doch lieber einem Tierarzt oder einem hilfsbereiten Zoohändler.

Zu lang gewachsene Schnäbel kommen bei Großpapageien selten vor. Hier wird man auch erst korrigieren, wenn sie beim Fressen behindert werden. Überhaupt regt Beschneiden von Krallen und Schnäbeln leider gleichzeitig das Wachstum an. Schnabelschneiden oder Befeilen einzelner Partien ist eindeutig eine Angelegenheit für Fachleute und wenigstens zwei Personen. Meist wehrt sich das Tier so gut es kann und Angstbisse sind schmerzhaft. Ein Liebhaber erzählte mir stolz, er gäbe seinen Großpapageien bei solchen Gelegenheiten eine Narkose. Ich wollte zu seinem Erstaunen gar nicht wissen womit, denn nur ein bißchen zuviel ist dabei schon tödlich. Genau das haben Schmuggler zu ihrem Leidwesen schon erfahren müssen.

Anfassen und Einfangen

Beim Anfassen, Festhalten und Einfangen ist liebevolles Vorgehen und Zureden auf Dauer wesentlich sinnvoller als Gewaltanwendung. Natürlich weiß ich zur Genüge, wie Papageien beißen können und das selbst durch Handschuhe hindurch. Niemals greife man Papageien unnötig, denn kein Vogel dieser Erde mag das. Dem Gefieder ist der Kontakt mit schwitzigen oder schmutzigen Händen ebensowenig zuträglich. Wer eine Abneigung davor hat, Vögel überhaupt anzufassen, und man findet sie nicht selten sogar bei leidenschaftlichen Vogelliebhabern, zwinge sich erst gar nicht dazu.

Es können natürlich Situationen vorkommen, in denen es nötig ist, und dann greift man ohne Zögern schnell von oben, wobei der Daumen den Hals umschließt, und die übrigen Finger, so weit sie reichen, Brust und Oberbauch bedecken. Man dreht das Tier danach sofort auf den Rücken, weil es sich in dieser unnatürlichen Lage am wenigsten wehren kann. Der ausgestreckte Zeigefinger bildet mit dem Daumen eine Art sanften Schraubstocks.

Was macht man nun in der Anfangszeit, wenn der erstmals aus dem Käfig gelassene Papagei nicht freiwillig in seine Behausung zurückkehren will und sich außer Reichweite einen hohen Sitzplatz aussucht? Den Flüchtling mit einem Besen herunterzuscheuchen oder zu jagen bis zu seiner Erschöpfung, kostet ihn womöglich durch Herzschlag oder Anprall an harte Gegenstände sein Leben. Stattdessen Zimmer verdunkeln oder Dunkelheit abwarten. Ein Helfer steht am Lichtschalter und der vertraute Pfleger nähert sich dem Tier langsam und mit Zureden bis es unruhig zu werden beginnt. Dann das Licht ausmachen und den Vogel mit geschützten Händen oder mit einem Tuch mit einem Griff packen. Jetzt Licht anschalten lassen, sofort in den Käfig setzen und gleich einen Leckerbissen reichen. Normalerweise ist in Vogelbüchern selten von den eben behandelten Notwendigkeiten die Rede, obgleich jeder Halter, und gerade der Anfänger, fast unweigerlich mit ihnen konfrontiert wird. Es war somit sinnvoll, wenigstens einige Ratschläge zu geben und dazu gehört auch noch der folgende:

Ein gegen seinen Willen ergriffener Vogel glaubt unweigerlich, sein letztes Stündlein habe geschlagen. Was wir bisher an Bemühungen um seine Vertrautheit investiert haben, kann schnell zunichte gemacht werden. Wäre das nicht sehr schade? Ich selbst habe in solchen Fällen lieber stundenlange Geduld walten lassen, bis Hunger und ein gut sichtbar plazierter Leckerbissen für freiwillige Rückkehr in den Käfig sorgten. Ja, so mancher Vogel hat eine Nacht auf der Gardinenstange zugebracht. Auch wenn ich diese Nacht schlecht geschlafen habe, war es aber vielleicht das Vernünftigste. Zweifellos braucht man dazu eine großzügige Natur, wenn z. B. größere Krummschnäbel dabei die Gardinen zernagen oder die Tapeten zerfleddern. Nur ein kleiner Kreis von Tierfreunden wird meine extrem tolerante Einstellung begreifen, die ich in einigen Sätzen zusammenfassen will:

Solange man sich Haustiere hält, Freude an ihnen haben will und ihnen artgemäßes Vergnügen gönnen möchte, kann man es sich nicht leisten, gar zu penibel zu sein. Wer je einen Hundewelpen aufgezogen hat, wird mir beipflichten. Aber auch Papageien leisten sich so manche Zerstörungen in der Wohnung. Wer dabei einem Nervenzusammenbruch nahekommt, ist gern strenger gegen das Tier, als es begreifen kann. Als Folge wird es sich einbilden, daß man es nicht mehr mag. Jeder Papageienkenner aber wird bestätigen, daß seine Pfleglinge lieben und hassen können und daß sie nachtragend sind. Eine einmal entstandene Abneigung läßt sich kaum wieder beseitigen. Nach meinen Erfahrungen eher noch beim Hund als bei Großpapageien.

Foto 1 Junge, noch unselbständige Jakos

Foto 2 Ein handzahmes Exemplar

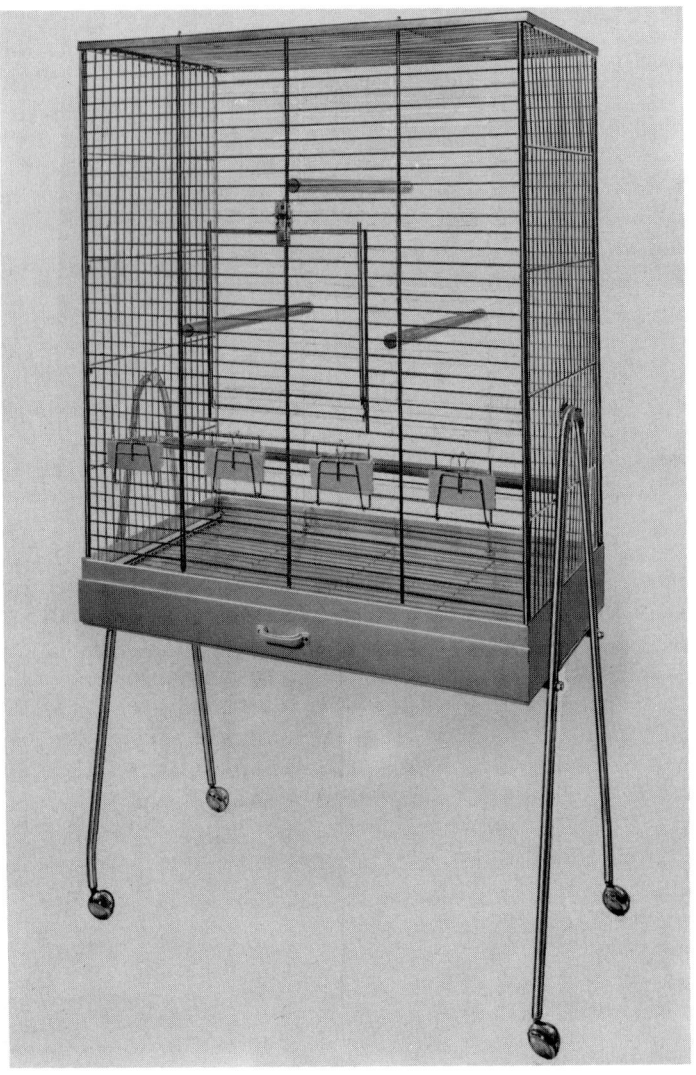

Foto 3 Vorbildlich geräumiger Großpapageienkäfig

Haben Sie auch schon mal gehört, daß sich männliche Graupapageien am liebsten mit Damen befreunden, während Weibchen sich an die Herren in der Familie halten? Ganz abgesehen
davon, daß Sie vielleicht nicht sicher sind, welchem Geschlecht
Ihr Tier überhaupt angehört, wird diese Regel nicht deshalb
gültiger, weil sie schon Jahrzehnte erzählt wird. Es ist keine
Regel, obwohl Ausnahmen darauf schließen lassen könnten.
Ich möchte dazu Erfahrungen mit Großsittichen und Papageien
ins Feld führen.

Gleichgültig was sich manche Pfleger vorstellen — wobei
nicht selten der Wunsch der Vater des Gedankens ist — die
meisten Ziervögel können **besondere** Zuneigung zur einen
oder anderen Person nur schwach zum Ausdruck bringen.
Gegenüber dem, der sie betreut, sind sie vertraut, vor anderen
Personen haben sie Angst.

Wenige Großpapageien machen da eine Ausnahme, darunter
auch der Graupapagei. Bei ihm kann man sich wer weiß wie
abstrampeln und ihm unter Nachsicht für Unarten mit größter Liebenswürdigkeit begegnen. Dazu bietet man ihm pünktlich sein tägliches Futter, aus der Hand Leckerbissen und bildet
sich nun ein, seine Gegenliebe mehr als verdient zu haben. Oft
gewinnt man sie. Ebenso gut aber kann er zu einem anderen
Familienangehörigen, der sich nicht entfernt so intensiv um
ihn kümmert, eine besondere Zuneigung entwickeln. Zu manchen Familienmitgliedern kommt das Tier auf die Hand oder
klettert den Arm herauf auf die Schulter, bei anderen nie. Ist
der Bevorzugte mal wochenlang verreist, kann mal eine Ausnahme von der Regel gemacht werden. Ist er zurückgekehrt,
tritt das alte Prinzip sofort wieder in Kraft. Nach allem Vor-
hergesagten ist ein Tier, das seine Zuneigung unbestechlich
und souverän vergeben kann, doch sicher etwas Herrliches.
Solche Unterschiede macht nicht mal der Haushund. Ob die
größte Liebe nun einem Mann oder einer Frau gilt, das ist
wohl zufällig und sicherlich niemals vom Geschlecht des Vogels
abhängig.

Zwei Nachteile ergeben sich für ein Tier, das bestimmte Personen bevorzugt. Es leidet sehr, wenn es seine geliebte Bezugsperson verliert. Wer aus zweiter Hand einen Graupapagei erwirbt, sollte in Erfahrung bringen, ob er einem Mann oder einer Frau gehört hat. Ein Wechsel im Geschlecht und damit unweigerlich im Wesen des Halters, wird nur sehr langsam verkraftet, manchmal auch nie!

So intelligenten Vögeln frühere schlimme Erlebnisse aus ihrem Gedächtnis zu tilgen und neues Vertrauen einzuflößen, kann bei so ausgeprägtem Gefühlsleben mehrere Monate oder sogar länger dauern. Darum sollte man möglichst junge Exemplare kaufen, aber auch die haben unweigerlich Schreckerlebnisse hinter sich. Erwarten Sie keine Wunder und seien Sie bitte geduldig. Sie haben genügend Zeit, denn der Graupapagei erreicht ein hohes Alter.

Zähmung

Hungern lassen ist heute beim Abrichten von Tieren kein gebräuchliches Rezept mehr und bei Vögeln, die keine Reserven bilden, sogar lebensgefährlich. Mit Gewalt oder Strafen erreicht man auch wenig, denn Papageien haben ein ausgezeichnetes Gedächtnis. Unangenehme Erlebnisse werden lange mit den auslösenden Personen verbunden. Es mag sicher etliche gute Zähmungsmethoden geben, ich kann nur mein bewährtes Rezept unterbreiten.

Auf jeden Fall bleibt der neuerworbene Papagei erst einmal wenigstens vier Wochen in seinem Käfig, der ihm ja auch neu ist. Der Käfig soll ruhig dort stehen, wo alle Angehörigen häufig vorbeigehen müssen und alle sollen es ungeniert tun, auch wenn der Vogel scheu reagiert. Von Tag zu Tag wird er ruhiger werden, weil er merkt, daß ihm nichts geschieht. Nur der Hauptbetreuer bleibt in diesen Wochen öfters vor dem Vogelheim stehen und spricht mit dem Insassen, aber bitte nie dem Vogel direkt in die Augen sehen, das schüchtert ihn nämlich ein.

Beim Füttern und Tränken auf Flattern und Schreien keine Rücksicht nehmen. Gefüttert wird zunächst dreimal am Tag, gleichgültig, ob es notwendig ist oder nicht. Der neue Hausgenosse muß sich an diese Handgriffe gewöhnen, mit denen er ständig zu tun haben wird. Zeigen Sie selbst Mut, auch wenn der Vogel den Schnabel aufsperrt oder ein knurrendes Geräusch hören läßt. Wie ein Floh zurückspringen, Hände wegziehen oder mit Schreckensschrei Näpfe fallen lassen, all das sollte nicht vorkommen, denn der Graupapagei merkt sich das. Ängstliche Gemüter können Lederhandschuhe tragen, aber wahrscheinlich ist Ihr Jako früher schon häufig mit behandschuhten Händen gegriffen worden, dann gerät er bei Wiederholung oder nur beim Anblick von Handschuhen in höchste Erregung. Ich habe bei Graupapageien selten Handschuhe benötigt.

Die Näpfe nehmen Sie langsam aber nicht zögernd heraus, ebenso die Käfigschale zwecks Reinigung. Auch wenn es Ihnen leid tut, stören Sie sich nicht an Angstgeschrei und Flügelschlagen, dulden Sie aber auch keine Zuschauer bei dieser Betreuungsarbeit. Das Tier will alle „Gegner" und Gefahren im Auge halten und es würde bei mehreren Zuschauern nur um so furchtsamer.

Sind die ersten Wochen vorbei, sollte ein mutiges Familienmitglied zum erstenmal durch die Tür in den Käfig greifen. Fragt sich, wer mehr Angst dabei hat! Der Vogel fürchtet jedenfalls um sein Leben und will in die hinterste Ecke zurückweichen. Soll er ruhig, nach etlichen Wiederholungen merkt er, daß ja gar nichts passiert. Bleibt er nun deutlich gelassener, so greifen Sie ab sofort täglich eine Viertelstunde nach jedem Füllen der Näpfe noch einmal zusätzlich weit in den Käfig hinein und legen eine Nuß oder ein Stück süßen Zwieback obenauf. Der Vogel lernt durch Beobachtung: Die Hand bringt keine Gefahr, sondern freßbare Dinge. Liebe geht eben tatsächlich durch den Magen. Hat das drei Wochen täglich ausgezeichnet geklappt, halten Sie ihm den Leckerbissen vor den Schnabel, statt ihn in den Napf zu legen. Sicher kann man das ebenso gut von draußen durch die Gitterstäbe tun, man verliert aber wertvolle Zähmungszeit dabei. Nimmt der Vogel vorsichtig die Leckerei aus Ihren Fingern, gratulieren Sie sich, die wichtigste Hürde ist genommen.

Nun werden weitere Fortschritte schneller erzielt. Vierzehn Tage lang muß die neuerworbene Fingerzahmheit täglich zweimal geübt werden. Nun bieten Sie den Leckerbissen täglich näher an der Käfigtür an. Der Vogel muß ihm innerhalb des Käfigs regelrecht nachkommen, dann hält man den Arm hinein und legt das Begehrte darauf. Ziel: Der Arm soll bestiegen werden. Ungefähr acht Tage täglich üben.

Dann kommt ein weiterer wichtiger Schritt. Erstmals wird die Käfigtür geöffnet und mit einer Wäscheklammer gehalten. Der Lehrmeister hält seinen Arm außen quer davor und die

Hand, die die Belohnung hält, etwas seitlich davon. Türen und Fenster sind zu, Vorhänge zugezogen. Nicht erwünscht sind Zuschauer und natürlich auch keine Haustiere. Häufig kommt der Papagei zwar nach längerem Zögern auf den Arm, zieht es aber dann vor, in letzter Minute oben auf seinen Käfig zu klettern. Dann muß man von neuem beginnen, denn draußen ist für ihn alles anders und ungewohnt. Den Leckerbissen hält man ihm mit zwei Fingern 5 cm vor den Schnabel. Haben Sie viel Glück, wird er ihn nehmen, ansonsten muß man das Tier ohne Zwang in seinen Käfig zurückbringen. Wie macht man das? Ich stelle einen Stuhl mit der Lehne zum Tisch. Den Käfig samt darauf hockendem Jako schiebt man ganz langsam aber stetig an diese Lehne heran. Sanft gedrängt wird das Übersteigen klappen. Der Käfig steht schon richtig. Vielleicht wird man ihn etwas anheben, und glücklich klettert der Vogel hinein. Ab jetzt wird täglich einmal die Käfigtür geöffnet und der Leckerbissen mit der einen Hand draußen hingehalten, wobei der Vogel über den anderen Arm zu ihm klettern muß. Es gilt, unbedingt zu erreichen, daß er direkt aus der Käfigtür heraus auf den Arm, und von diesem auch ebenso willig auf den anderen oder die Hand steigt. Es gibt keine Leckereien mehr in den Napf, denn er soll sich einprägen: Etwas Besonderes gibt es nur, wenn man den Käfig verläßt und zu seinem Betreuer kommt. Entscheidender Vorzug dieser Zähmungsmethode ist es, daß man später den Vogel überall, wo er auch sitzen mag, hochnehmen kann, ohne die geringste Gewalt anwenden zu müssen. Man drückt einfach Handgelenk oder Unterarm langsam aber immer stärker gegen seine Brust, entweder muß er dann ausweichen oder draufsteigen. Meist tut er das Letztere, denn es kommt seinen Anlagen entgegen.

Die Krönung der Zähmungsarbeit sieht folgendermaßen aus: Vor dem Tisch mit geöffnetem Käfig setzt man sich in einen etwas entfernt stehenden Sessel und legt die Hände mit begehrten Dingen in den Schoß. Sie werden sehen, wie mißtrauisch alles neuartige beäugt wird. Kommt Jako nicht, bekommt er auch nichts. Gehen Sie mit einer Schulter in erreichbare Nähe. Turnt er über Schulter und Arm herab in Ihren Schoß und beginnt er dort die Belohnung zu verzehren, haben Sie endgültig gewonnen. Nun wird er vielleicht bald auch andere Familienmitglieder als Kletterbäume betrachten, und sie können ihn auf dem Arm durch die Wohnung tragen, aber nicht in die Küche und niemals nach draußen!

Jetzt deponieren Sie Ihren Pflegling jedesmal während der Reinigung der Käfigschublade und der Füllung der Näpfe auf nebenan aufgestelltem Klettergestell oder Stuhllehne. Nur ständige Übung festigt die Gewohnheit. Außerdem können Sie jetzt ungestörter hantieren und den Käfig auch mal wegnehmen, um ihn abzubrausen. Wenn Familienmitglieder die gleichen Handgriffe versuchen, kann der Vogel mißtrauisch reagieren. Aber bei etwas Glück verliert sich das mit der Zeit.

Die ganze Prozedur, wie schrittweise beschrieben, dauert mindestens zwei Monate. Die Käfigtür öffnet man frühestens nach sechs Wochen. Ist der Papagei flugbehindert, gehört der Käfig beim ersten Herauslassen auf den Fußboden. Wenn ein so schwerer Vogel ungebremst fällt, kann er sich sehr wehtun.

Grundregeln für das Zahmheitstraining

Der beste Lehrmeister ist nicht unbedingt, wer am meisten Zeit hat, sondern wer die größte Sympathie des Vogels besitzt. Kraulen an den Kopfseiten haben Vögel gern, sobald sie es dulden. Selbst das zahmste Tier kann seinen Lehrmeister noch beißen, wenn es sich plötzlich erschreckt, aber nie darf das dann Grund zu Strafe sein! Man übergeht es am besten, als ob nichts geschehen sei. Knurrende Lautäußerungen sind eine angeborene Ausdrucksweise und nicht etwa Zeichen von Bösartigkeit, sondern ein Angstlaut als Vorstufe vor dem Schreien. Vor erfolgreicher Absolvierung des Zahmheitstrainings hat es keinen Zweck, mit dem Sprechunterricht zu beginnen. Genauso wenig wie das Kleinkind, kann der Graupapagei zu viel auf einmal lernen und im Gedächtnis verankern.

Sprechenlernen

Es ist wohlbekannt, und auch ich kann es aus Überzeugung bestätigen: Graupapageien sind die begabtesten unter den sprechenden Vögeln. So ist anzunehmen, daß diese Tatsache Ihren Kaufentschluß beeinflußt hat, denn der Jako kann so lebensecht imitieren, daß beispielsweise ein Hund gerannt kommt. Selbst Tonfall und besondere Redeweise einzelner Personen werden erstaunlich gut getroffen. Und auf einige typische Sätze vermögen Jakos durchaus mit der Zeit eine passende Antwort zu geben. Da ist man dann wirklich verblüfft. Häufig wiederkehrende Geräusche im Haus werden auch nachgeahmt, aber nicht immer nur angenehme! Wie sich der Betreuer am Telefon meldet, wie eine Tür knarrt, wie ein Nachbar sich räuspert oder der Hund bellt — alles wird erstaunlich gut imitiert. Wie viele Papageienwitze andeuten, kann man direkt in Verlegenheit kommen. Die Meinung ist begreiflich, der gelehrige Papagei wisse genau, was er spreche und tue. Die Verhaltensforschung sagt dazu, er bringe nur im Zusammenhang erlebte Abläufe immer wieder in den gleichen Zusammenhang, und das nennt man Assoziation. Ich glaube nicht an große Verstandesleistung bei Graupapageien und sicher nicht an logisches Denken in größerem Umfange. Man hat aber von Exemplaren berichtet, die noch nach längerer Zeit Lautäußerungen einer Tageszeit zuordnen konnten. Sie begrüßten ihren Betreuer morgens mit „Guten Morgen" und bei Lampenschein dagegen zielsicher mit „Guten Abend". Andere haben beim Anblick einer Bierflasche das Geräusch des Öffnens ertönen lassen, beim Klingeln des Telefons „Hallo" gerufen, und wenn jemand ein Taschentuch herausnahm, das Geräusch des Schneuzens imitiert.

In einer lebensfrohen Familie stimmen Sie besonders gern in Gelächter ein. Ich liebe Hunde und Papageien gleichermaßen, und nachdem ich zehn Jahre gleichzeitig beide Arten um mich hatte, bin ich überzeugt, daß sie sich in der Intelligenzleistung ähnlich sind. Der Hund lernt schnell, was seinem Herrn Freude macht, und so produziert er sich, weil ihm eine günstige Stimmung meistens Vorteile verschafft. Das kann auch der Papagei. Hat er herausgefunden, was seine Betreuer freut (oder auch ärgert!), kann er solches Verhalten zielsicher einsetzen.

Mein großer Hund hatte sich eine Scherbe in die Pfote getreten. Noch lange nach der Behandlung, die er mit Knurren über sich ergehen ließ, konnte er nicht richtig auftreten. Jedesmal, wenn wir ihn teilnehmend fragten: „Was ist denn mit deinem armen Pfötchen?" ließ Rex ein warnendes Knurren hören. Wir amüsierten uns natürlich sehr darüber, und das merkte das Tier bald. Wir wiederholten die Frage noch oft und die Reaktion wurde zum Ritual. Das Graupapageienmännchen, das regelmäßig bei uns überwinterte, überraschte uns eines Abends damit, daß es die bewußte Frage ziemlich deutlich an den auf dem Teppich liegenden Hund stellte. Und ebenso folgerichtig knurrte es danach sehr naturgetreu und ließ eine Art Gelächter hören. Wir waren minutenlang sprachlos. Solche Erlebnisse mit sprechenden Vögeln sind eigentlich viel schöner als Erfolge beim Nachplappern hundertmal wiederholter Worte. So dokumentieren sich scharfe eigene Beobachtungsgabe gepaart mit auswertender Intelligenz.

Andererseits kann es lange dauern, bis sich ohne Zutun nette Imitationen ergeben. Man kann den Wunsch der meisten Halter verstehen, ihrem Pflegling einen passenden Wortschatz zu vermitteln, mit dem er seine Umwelt in Erstaunen versetzen kann. Wichtigste Voraussetzung dafür ist, daß man sich um den Vogel kümmert wie um ein liebebedürftiges Kleinkind, und ihn so oft wie möglich zu allen Tageszeiten anspricht. Die Zähmung muß natürlich, nach den bereits gegebenen Ratschlägen, weitgehend abgeschlossen sein. Ein Tier, das Angst empfindet und kein volles Vertrauen hat, kann auch nicht glücklich sein. Wie soll es sich da auf das Lernen konzentrieren?

Der Afrikaner kann ebenso Stimmen von Kindern und Frauen, wie auch von Männern nachahmen, obwohl ihm tiefe Baßstimmen größere Schwierigkeiten bereiten. Mehrere Lehrer gleichzeitig verwirren den Schüler nur. Man wählt kurze deutliche Worte, nicht mehr als drei auf einmal, immer mit betont deutlicher, langsamer Aussprache in gleicher Stimmlage und unbedingt mit freundlichem Gesichtsausdruck vorgetragen. Bitte dem Tier dabei nicht in die Augen sehen.

An Wellensittichen habe ich bewiesen, daß ein Tonbandgerät ein praktisches Hifsmittel sein kann. Vor allem für diejenigen, die zu dauernden Wiederholungen keine Lust haben. Bei Tonbandgeräten spricht man die Worte mehrmals auf Band, schneidet das Bandstück ab und klebt es zu einer Schleife. Bei Kassettenrecordern ist es nötig, die kürzeste handelsübliche Kassette einmal voll zu besprechen.

Welche Methode man auch anwenden will, während des Unterrichts sollte der gefiederte Lehrling nicht abgelenkt sein. Solange er sich gerade anderweitig beschäftigt, ist seine Aufnahmefähigkeit gering. Der Anfang ist stets das Schwierigste, denn der Graupapagei lernt, nach vielen überlieferten Erfahrungen, dann schneller, wenn er erst einige Wörter nachsprechen kann. Auf keinen Fall darf man sich mit unvollkommener Imitation zufrieden geben, die, wenn sie erst verankert ist, kaum noch gebessert werden kann. Sprechen Sie also immer wieder vor, bis die Wiedergabe so deutlich wie möglich erfolgt. Dann aber zeigen Sie übertriebene Begeisterung und belohnen den Schüler mit einem Leckerbissen. Denken Sie daran, was ich über den Wunsch so intelligenter Vögel sich zu produzieren und ihren Halter zu erfreuen gesagt habe. Wenn der Vogel jedoch dabei ist, seine momentane Lektion zu erlernen, muß der Lehrer unbedingt vermeiden, dem mitten im Wort steckenbleibenden Papagei nachzuhelfen. Diese Versuchung ist groß, aber er könnte leicht auch die „Verbesserung" aufschnappen und sich so eine unvollständige oder doppelsilbige Imitation angewöhnen.

Bei vielen begabten Exemplaren kann sich die Lust am Nachahmen menschlicher Sprache schließlich wie eine Lawine immer schneller entwickeln. Witze über aufgeschnappte und im unpassendsten Moment wiedergegebene Äußerungen zahmer Großpapageien gibt es unzählige. Es besteht kein Zweifel daran, daß es zu Anfang unseres Jahrhunderts besonders beliebt war, diesen Vögeln Zoten, Kraftausdrücke und unanständige Lieder beizubringen. Lassen Sie mich dazu Altmeister Dr. Karl Ruß zitieren, der in seinem 1896 erschienenen Papageienbuch schreibt: „Oft ist laut Anzeige ein gut sprechender Papagei verkäuflich, der auch „Lott ist tot" oder noch schlimmere Gassenhauer singen kann. Unter 50 Angeboten findet man kaum eines, das andere als gemeine oder unschöne Äußerungen als Leistungen des Vogels anpreist. Da darf man sich wohl mit gewisser Berechtigung fragen, warum die Abrichter unserer gefiederten Lieblinge sich keine anderen, schöneren Aufgaben für diese Vögel stellen".

Zur Erhellung damaliger Verhältnisse schreibt der gleiche Autor in seinem Buche: „Papageien werden oft schon während der Seefahrt von den Matrosen abgerichtet, deren Wortschatz sich eben nicht weiter erstreckt. Die Vogelhandlungen in den Hafenstädten lassen importierte Papageien von darin geübten Leuten gegen Entgelt abrichten, welche aber ungebildete Menschen sind, von denen die Tiere immer nur gemeine, unschöne Worte und Redensarten lernen. In breiter, häßlicher Aussprache und zuweilen auch mit einer schmutzigen Redensart verquickt."

Das gibt es heute nicht mehr, aber eine Anleitung stimmt noch heute wie damals, denn Dr. Karl Ruß, dessen Name heute noch allen ernsthaften Vogelfreunden ein Begriff ist, hat schon bemerkenswert viel von der Psychologie der Großpapageien verstanden. Das soll das letzte Zitat aus seinem vor mehr als achtzig Jahren erschienenen Buch beweisen: „Um ihn von häßlichen, widerwärtigen (oder falschen!) Worten und Lauten überhaupt zu entwöhnen, unterlasse man es tunlichst, darüber zu lachen. Denn das würde den Vogel nur dazu ermuntern, desto eifriger gerade solche Unarten zu üben — in gleicher Weise wie es bei Kindern der Fall ist. Nur dadurch kann er sie vergessen, daß sie in seiner Gegenwart niemals wiederholt oder auch nur erwähnt werden. Daß man vielmehr, sobald er sie auszusprechen beginnt, ihn sofort mit einem anderen erwünschten Wort unterbricht und dies solange wiederholt als er jene Unart ausübt."

Ist die Lust am Nachsprechen menschlicher Worte und Sätze erst einmal richtig in Gang gekommen, kann es durchaus sinnvoll sein, in Gegenwart des Tieres auf Kraftausdrücke zu verzichten. Ich bin nicht so puritanisch zu verkennen, daß z. B. ein des Götz Zitates mächtiger Papagei ungeheuer zur Erheiterung von Gästen beitragen kann. Fragt sich eben nur, ob das gelegentlich nicht auch mal peinlich wirken könnte.

Geht man zu neuen Sprechübungen über, so besteht die Gefahr, daß auch der begabteste Papagei das zuvor Erlernte wieder vergißt. An jedem Tag, oder wenigstens alle paar Tage, wiederholt der Lehrer alles, was das Tier vorher gelernt hat. Zu Neuem überzugehen, bevor früher geübtes richtig beherrscht wird, kann deshalb nicht sinnvoll sein.

Eine weitere Tatsache muß man sich merken: Gegen jede Veränderung in Unterbringung, Fütterung und Behandlung, ja selbst gegen einen Wechsel des Käfigstandortes im Zimmer zeigt sich ein Papagei so empfindlich, daß seine Nachahmlust eine Zeitlang erlischt. Man weiß, daß gut sprechende Exemplare bei Verkauf in neue Hände dem Herrn oft lange nicht ihr Talent beweisen. Ebenso schwierig ist es, Talentierte vor Mikrofon oder Fernsehkamera in Aktion treten zu lassen. Schon in Anwesenheit eines Fremden bleiben sie stattdessen stumm wie ein Fisch, und man wird die stolzen Behauptungen des Besitzers leicht für Aufschneiderei halten. Kanarienhähne deckt man während des Gesangsunterrichtes ab, damit sie nicht abgelenkt werden und in den an ihr Ohr dringenden Lauten des Vorsängers die einzige Abwechslung sehen. Bei Papageien wäre die gleiche Praxis seelische Grausamkeit.

Gemeinschaftshaltung auf Sichtweite von sprechenden mit anzulernenden Graupapageien hat sich öfters bewährt. Nicht empfehlenswert ist es andererseits, zwei junge Tiere gleichzeitig zähmen und abrichten zu wollen. Ein Teil des Abrichtungseffektes beruht auf der Annahme des Lehrmeisters als Ersatzpartner. Artgenossen würden diesen Effekt nachhaltig stören.

Ich stimme nicht der Auffassung zu, ein Zoohändler der lange Jahre Graupapageien verkauft habe, besitze einen ausgeprägten Blick für talentierte Importvögel oder könne wenigstens hoffnungslose Fälle erkennen. Letzteres vielleicht gelegentlich, denn ein übernervöses Exemplar dürfte immerhin bei der Zähmung Schwierigkeiten bereiten, die dem Sprechunterricht unbedingt vorausgehen muß. Wird ein Jako unter der Zusicherung verkauft, er beginne bereits sprechen zu lernen, ist Skepsis anzuraten. Es handelt sich öfters um Tiere, die zwar tatsächlich schon einige Wortfetzen wiederzugeben vermögen, diese „Kunst" aber ist nicht selten das Ergebnis einer bereits versuchten, aber gescheiterten Unterrichtung. Es ist zu befürchten, daß das Tier auch in zweiter Hand kaum über diesen Anfang hinauskommt. Jeder, der einmal mit Vögeln gehandelt hat, weiß, daß Käufer einen enttäuschenden Vogel gerne umzutauschen versuchen. Bei einem guten Kunden muß man gelegentlich einwilligen und das zurückgenommene Tier notgedrungen neu anbieten.

Richtige Sprechleistung bei bereits trainierten Graupapageien ist entweder beweisbar und rechtfertigt dann einen höheren Abgabepreis oder eine Glaubensfrage und damit des Käufers Risiko. Prognosen kann bei jungen, kürzlich importierten Vögeln niemand stellen. Drängen Sie also den Verkäufer nicht, Garantien zu geben, die er nicht verantworten kann.

Schließlich möchte ich dem alten Aberglauben entgegentreten, in einer großen, besonders renommierten Handlung bekomme man begabtere Graupapageien als in einer kleinen. Vielleicht hat man in großen Geschäften mehr Auswahl, aber daß sich

Kenner unter den Händlern beim Importeur die begabtesten Vögel herauspicken, ist ein Märchen.

Richtig ist in jedem Falle, daß die große Fähigkeit zur Imitation unserer Sprache den Jako besonders menschenähnlich und liebenswert macht. Ein Exemplar, das bereits in den ersten Wochen einige Worte erlernt, läßt zweifellos hohe Erwartungen zu, bei anderen muß der Pfleger ihre Mentalität erst besser erkennen und verstehen lernen, um dann mit Geduld zum Nachsprechen anzuregen und die Begabung Schritt für Schritt zu fördern. Eine zunächst schwerverständliche Wiedergabe ist üblich und nicht etwa Zeichen mangelnden Talentes. Talent ist auch nicht über den Magen zu entwickeln, wobei ich an sogenanntes Sprechfutter denke. Zu einem mehr oder weniger befriedigenden Lernergebnis kommt man fast immer, es fragt sich nur, wie lange es dauert.

Was tun bei kleineren Unpäßlichkeiten?

Mauser

Die Mauser, d. h. die Gefiedererneuerung, ist ein regelmäßig wiederkehrender normaler Vorgang und hat mit Krankheit nichts zu tun. Richtig ist allerdings, daß eine Mauser auch außerhalb der Reihe durch Zugluft, starken Temperaturwechsel, Mangel an Aufbaustoffen oder Milbenbefall ausgelöst werden kann. Die Behebung ist ebenso schwierig, wie das Erkennen der Ursachen.

Selbstrupfen

Diese Unart ist seit Jahrzehnten ein Schreckgespenst für den Papageienfreund. Über die Ursachen wollen wir hier nicht diskutieren, denn wer weiß schon Konkretes darüber? Bewiesen ist nur, daß irgendeine Ursache solches Verhalten auslöst, das dann bedauerlicherweise häufig zur üblen Gewohnheit ausartet. Ein regelmäßiges Bad ist eine hervorragende Vorbeugemaßnahme. Zuviel alleingelassene, gelangweilte Papageien sollen häufiger zu Rupfen und Federkauen neigen. Besitzerwechsel oder neue Umgebung haben gleiches auch schon ausgelöst. Was soll man nun tun, wenn man das Pech hat, bei seinem Jako diese häßliche Angewohnheit zu erleben?

Man muß den Vogel unbedingt von der Beschäftigung mit sich selbst so stark wie möglich ablenken. Mit im Zoohandel käuflichen Mitteln darf man immerhin Versuche machen, man kann aber auch mit einem Wasserfarbenpinsel reines Olivenöl auf die kahlen Stellen auftragen, denn die Haut ist ja unweigerlich auch in Mitleidenschaft gezogen. Zerbissene Federn und stehengebliebene Kiele sollte der Pfleger ausziehen. Ich habe auch mal bei einem Papageienhalter gesehen, daß er einem notorischen Selbstrupfer einen aus Pappe geschnittenen Kragen angelegt hatte. Sicherlich hindert das den Vogel, an sein Gefieder heranzukommen, andererseits muß der Kragen getragen werden, bis alle Folgen früheren Tuns durch völliges Nachwachsen des Federkleides behoben sind, nur dann besteht gute Aussicht, daß nicht erneut mit dem Selbstrupfen begonnen wird. Das dauert erhebliche Zeit und das Kragenanlegen scheint mir schon deshalb grausam zu sein. Mehr erzieherischen als therapeutischen Wert hat ein in jüngerer Zeit ausprobiertes Medikament, und zwar Chloromycitin des Herstellers Parke-Davis. Normalerweise wirksam gegen Pilzerkrankungen, besitzt es einen abscheulichen bitteren Geschmack, ohne dabei giftig zu wirken. Positiv fördert es die Wundheilung. Bei Interesse an einem Versuch, unter den beiden Mitteln gleichen Namens das farblose verlangen.

Durchfall

Zunächst versucht man, den Durchfall zu stoppen. Schafft man es nicht, muß man zum Tierarzt. Dann nehmen Sie ein gläsernes Tablettenröhrchen, spülen und trocknen sie es gut und geben Sie reichlich Kotproben zwecks Untersuchung hinein. Zu den Hausmitteln gehört Ersatz des Trinkwassers durch abgekühlten, ungesüßten Tee. Es darf schwarzer Tee oder Kamillentee sein. Günstig ist die Erhöhung der Raumtemperatur. Bei entsprechenden Möglichkeiten bis auf 33° Tag und Nacht bis zur Besserung durchgehend. Nimmt der Patient Weichfutter an, kann man Tierkohle aus der Apotheke untermengen. Was wirksame Arzneimittel anbetrifft, bekommt man Opiumtropfen und Sulfonamide nur auf Rezept. Magnesiumsulfat vielleicht ohne. Dosis: 1 Gramm auf 25 ml abgekochtes Trinkwasser. Der Zoofachhandel führt rezeptfreie Heilmittel.

Von Antibiotika ist abzuraten, es sei denn, der Tierarzt empfiehlt die Anwendung nach dem Untersuchungsbefund der Kotproben. Als Vogelpfleger erlebt man Diarrhoefälle ziemlich oft. Bei Vögeln lösen sie sofort starken Durst aus, daher ist Anbieten von Tee oder Zugabe von Heilmitteln ins Trinkwasser einfach und erfolgversprechend. Verschlimmert sich die Sache, so tritt rasch Entkräftung ein. In einem geschwächten

Vogelkörper haben dann vorhandene Erreger anderer Krankheiten leichtes Spiel. Außerdem muß man gerade jetzt den Käfig peinlich sauber halten.

Verstopfungen

Sie kommen beim Graupapagei ziemlich selten vor. Meist ist entweder das Futter verantwortlich oder der Patient hat beim Freiflug etwas Unzuträgliches beknabbert. Ein gutes Hilfsmittel ist Karlsbader Salz im Trinkwasser. Eine Messerspitze auf den vollen Napf genügt. Rizinusöl könnte man auf einen Leckerbissen geben oder mit Pipette in den Schlund einträufeln. Einen Kotstop unmittelbar vor der Kloake, beseitigt man gut durch Einträufeln einiger Tropfen Paraffinöl in den After.

Verletzungen

Kleinere Wunden heilen am besten von selbst, größere darf man mit Wundsalbe bestreichen, eventuell auch mit Heilpuder bestäuben. Blutungen stillt ein Blutstillstift oder Spezialwatte. Pflaster zieht sich der Vogel rasch ab. Behandlung und Schienen von Knochenbrüchen sollte dem Tierarzt vorbehalten bleiben. Können Papageien mit Fußverletzungen nicht auf Stangen sitzen, entfernt man alle bis auf eine Bodenstange und polstert die Käfigschale durch eine doppelte Lage Vogelsand.

Fußverstauchungen und Verrenkungen

Beides kommt bei Papageien häufiger vor. Ursache ist meist, daß sie mit zu lang gewachsenen Krallen in Stoffen oder Gardinen hängenbleiben. Sitzstangen bis auf eine entfernen, Sandlage erhöhen wie oben angegeben. Ist man überzeugt, daß kein Bruch vorliegt, kann Abwarten kaum schaden. Sehr oft schont der Vogel den schmerzenden Fuß automatisch und die Besserung tritt von selbst ein. Hilfen wie Massage zwischen zwei Fingern, Rotlichtbestrahlungen usw. sind abhängig davon, wie zahm der betroffene Papagei ist. Wehrt er sich oder ist der Helfer ungeübt, wird solcher Versuch leicht mehr verderben als nützen und dem Tier unnötige Schmerzen bereiten.

Parasitenbefall

Daß ein parasitenfrei in Ihren Besitz gelangter Graupapagei später bei Einzelhaltung befallen wird, ist wenig wahrscheinlich, wenn auch nicht unmöglich. Wir wollen hier auch nur vom Milbenbefall reden, der relativ noch am häufigsten im langen Leben des Pfleglings vorkommt. Wenn Sie Milben bereits tagsüber am Körper des Vogels erkennen, ist der Befall schon sehr stark. Erste Hinweise ergeben sich durch genaue Betrachtung des Abdecktuches auf der Innenseite frühmorgens. Daß sich Ihr Schützling ungewöhnlich oft kratzt und in sein Gebieder beißt kann ein Warnzeichen sein. In Fachgeschäften erlebt man immer wieder, daß in diesem Fall die Halter beim Kauf eines Mittels schamhaft beteuern, daß es bei ihnen zu Hause doch keineswegs an Sauberkeit fehle. Daran liegt es auch gar nicht. Alle Wildvögel und freilebende Tauben tragen besagte Quälgeister mit sich herum, deren winzige Eier sich mit Staub verbreiten. Die daraus schlüpfenden Insekten vermehren sich im Federkleid eines Vogels rapide. Sie saugen nachts Blut und tagsüber ziehen sie sich in Schlupfwinkel zurück, die nicht nur im Käfig liegen, sondern auch weiter entfernt in Möbeln, hinter Tapeten und Fußleisten bekämpft werden müssen. Übrigens: Vogelmilben gehen nie auf Menschen! Es gibt dann noch Federmilben, die, wie der Name sagt, Federteilchen und Hautpartikel fressen und Juckreiz verursachen.

Bei einwandfrei festgestelltem Milbenbefall verliert der Tierfreund keine Zeit, die Bekämpfung vorzunehmen. Die Spraydose mit der er in der Wohnung Wespen, Fliegen und Motten vernichtet, soll er allerdings stehenlassen. Spezialmittel aus der Zoohandlung, ausdrücklich für Tiere zugelassen, töten Insekten entweder durch Giftwirkung oder Verkleben ihrer feinen Atemlöcher. Keines dieser Mittel greift aber Milbeneier an, deshalb sind stets mindestens zwei Behandlungen im Abstand von einigen Tagen erforderlich. Mit dem Spray sind der Käfig und seine nähere Umgebung schnell eingesprüht, Milbenpulver kann man in alle Ecken und Ritzen streuen. Da die Plagegeister nachts über die Sitzstange zum Vogel wandern, erzielt man auch durch Bepinseln der Schlafstange gute Erfolge.

Dem Leser wird auffallen, daß hier nicht von Besprühen oder Einstäuben des Papageis die Rede ist. Wäre das nicht am wirkungsvollsten? Vielleicht ja, aber selbst schwaches Gift bleibt Gift. Wenn Tiere damit tropfnaß gemacht oder gar begossen werden, kommt zuviel davon zur Wirkung. Das kann schaden, obwohl in den Prospekten von völliger Unschädlichkeit die Rede ist. Schließlich ist nicht vorgesehen, daß diese Chemikalien in den Körper kommen sollen. Der eingesprühte Vogel aber beginnt sich sofort zu putzen. So kommt über Schnabel und Zunge das Insektizid in Magen und Darm, und obwohl Hersteller von Milbenbekämpfungsmitteln bekräftigen, daß Futter und Trinkwasser ruhig im Käfig bleiben dürfen, nimmt man die Näpfe selbstverständlich vorher heraus. Wir gehen viel zu leichtsinnig mit Giften um!

Heute ist es vielfach üblich, im Sommer Insektenstrips im Zimmer aufzuhängen. Bei genügender Raumgröße (siehe Aufdruck!) mag das für robuste Papageien ungefährlich sein, wenn sie möglichst weit weg vom Käfig plaziert werden. Bei hoher Wärme ist die Gasabgabe jedoch stärker und außerdem ist die Wirkung des neu ausgepackten Strips am höchsten. Wenn es deutlich nach Chemie riecht, tagsüber öfters lüften. Praktischer sind die Erzeugnisse in Gehäusen, die man öffnen und schließen kann. Die Wirkung läßt sich dosieren und sie halten länger. Der Wirkstoff Dichlorvos ist wirksam auch gegen Vogelmilben, er hat andererseits aber auch schon empfindliche Kleintiere getötet. Unser Jako ist zweifellos nicht so empfindlich, aber die ersten drei Wochen würde ich neugekaufte Strips nicht in seinem Schlafraum hängenlassen.

Der in der Wohnung gehaltene Papagei ist Würmern und anderen Käfigparasiten kaum ausgesetzt.

Krankheiten

Ein solches Kapitel gehört nun einmal zu einem Buch, das sich umfassend mit der Haltung eines beliebten Vogels auseinandersetzen will. Trotzdem will ich mich mit diesem Thema nur kurz befassen. Der beste Rat, den ich Ihnen geben kann: Mit einem kranken Vogel, der mehrere Hunderter gekostet hat, sucht man am besten einen Tierarzt auf. Bei leichter zu ersetzenden Vögeln mag man als Halter versucht sein zu überlegen, ob das Honorar für einen Tierarztbesuch lohnt. Eigentlich für echte Tierfreunde eine unwürdige Betrachtungsweise, aber bei unserem heutigen materiellen Denken einigermaßen begreiflich. Beim Papagei scheiden solche Erwägungen von vornherein aus. Was kann nun einen Jako an ernstlichen Erkrankungen befallen, die über die schon erörterten Unpäßlichkeiten hinausgehen?

Psittakose (Ornithose)

Diese Vogelseuche, nicht auf Papageien beschränkt, kann den Menschen befallen und ist darum eine meldepflichtige Krankheit. Daß ein ordnungsgemäß importierter und durch die vorgeschriebene Quarantäne gelaufener Vogel später an Psittakose erkrankt, ist sehr unwahrscheinlich. Jedenfalls nicht bei Einzelhaltung in der Wohnung, wo er nie mit infizierten Artgenossen in Kontakt kommt. Ein schwerer Psittakosefall nimmt einen raschen Verlauf. Die Symptome ähneln der Grippe, mit Husten, Ausfluß aus Nase und Schnabel, starkem Schnupfen, Fieber, Atembeschwerden und verklebten Augen. Beim Menschen sind die Merkmale übrigens die gleichen. Nur eine Blutuntersuchung durch ein staatliches Veterinär-Untersuchungsamt kann die Diagnose erbringen. Ihr Tierarzt wird das veranlassen und wenn er will, kann er zuvor noch eine Kotprobe untersuchen. Halten Sie Abstand vom Käfig und Kinder dem Raum möglichst ganz fern. Und doch ist zum Glück längst nicht alles gleich Psittakose was so aussieht! Es wäre übertriebene Vorsicht, wegen der möglichen Gefahren dieser Seuche auf eine Anschaffung unseres schönen Jakos von vornherein ängstlich verzichten zu wollen. Fälle, in denen Pfleger gekäfigter Exemplare nachweisbar durch ihren Pflegling lebensbedrohlich angesteckt worden sind, findet man außerordentlich selten.

Man könnte Ihnen dennoch erzählen, daß sich die Hauptvogelseuche in den letzten Jahren trotz Antibiotika erneut ausbreite, und statistisch wäre das sogar korrekt. Das ist trotzdem kein Widerspruch zu meiner Feststellung, denn die Zunahme der Psittakoseinfektionen ist vornehmlich in großen Vogelsammlungen und umfangreichen Volierenanlagen zu verzeichnen. Und immerhin hat ja auch die Gesamtzahl gehaltener Ziervögel im letzten Jahrzehnt erheblich zugenommen.

Bedenkliche Gesundheitsgefährdung für einen Einzelhalter besteht auf gar keinen Fall. Und doch können Sie ein letztes zu Ihrer Sicherheit tun: Falls Sie oder ein Familienmitglied jemals von fiebriger Grippe befallen werden, gehören Sie doch hoffentlich zu den Vernünftigen, die schnellstens einen Arzt hinzuziehen. Sofern er es nicht weiß oder sieht, machen Sie den Doktor vorsorglich darauf aufmerksam, daß ein Papagei in der Wohnung gepflegt wird. Es könnte die Wahl des verschriebenen Medikamentes beeinflussen, um auch das kleinste Risiko auszuschalten.

Lungenentzündung

Vorstufe ist fast immer eine Erkältung, die man übersehen oder nicht ernstgenommen hat. Beim Menschen entsteht sie auch aus denselben Ursachen, nämlich Zugluft, Temperatursturz und ähnlichem. Hier haben wir einen der Fälle, in denen die Krankheitszeichen eindeutig der Psittakose ähneln, die schließlich auch eine Erkrankung der Atemwege ist. Die einzige Selbstbehandlung die ich Laien gern anrate, ist die Anwendung von Wärme. Man halte den Papagei also so warm wie möglich. In einem geleerten Schrank oder einer kleinen Kammer ist das mit thermostatgeregeltem Heizlüfter kein Problem. Man kann auch den Käfig auf ein Heizkissen stellen, Schalter auf Stufe 2 und über den Käfig dicke Wolltücher breiten. Ein Thermometer sollte man am Käfig anbringen. Bedenkenlos kann man Temperaturen bis 30° Tag und Nacht halten, bis die Besserung eingetreten ist und dann langsam stufenweise wieder auf Normalmaß absenken. Denken Sie aber an Brandgefahren. Bekommt der Vogel schwer Luft, kann man „Wick-Vaporub"-Salbe auf ein postkartengroßes Pappstück streichen und dieses nahe am Gitter außen aufhängen oder hinlegen. Der Vogel soll es nicht mit dem Schnabel erreichen. Die entstehenden Dämpfe bringen ihm Linderung.

Auszehrung

Unter diesem medizinisch zweifelhaften Ausdruck werden Erscheinungen zusammengefaßt, die sich in ständiger Gewichtsabnahme und deutlicher Schwächung äußern. Zu Anfang unseres Jahrhunderts nannte man das „Innere Sepsis". Während man heute noch oft behauptet, daß es sich um nicht feststellbare Ursachen handele und Heilung nicht möglich sei, bin ich anderer Meinung. Es dürfte sich häufig um Tuberkulose oder Pseudotuberkulose handeln. Bei gut und richtig ernährten Großpapageien kommt beides selten vor. Eine Übertragung von Hühnern und Fasanen wäre nicht ausgeschlossen. Der Laie kann natürlich keine verläßliche Diagnose stellen, sie ist aber entscheidend für die korrekte Behandlung. Also sofort zum Tierarzt, wenn Ihr Vogel ohne erkennbare Gründe immer stärker abmagert.

Damit will ich schon aufhören, über Krankheiten zu berichten. Es gibt kaum robustere Pfleglinge als den afrikanischen Jako. Was er aushält, kann nur der richtig würdigen, der plastische Beschreibungen darüber gelesen hat, wie diese Vögel zu Anfang unseres Jahrhunderts eng zusammengepfercht in schmutzstarrenden Kisten, auf den Leichen ihrer Artgenossen sitzend, und in einer Mischung von Exkrementen und ungeeigneter Nahrung nach Futter pickend, wochenlange Seereisen überstanden haben. In ungelüfteten Räumen unter Deck zudem und ohne daß man ihnen wenigstens sauberes Trinkwasser reichte.

Wenn es Sie aber beruhigt, legen Sie sich einen Ratgeber für Vogelkrankheiten zu. Zum Beispiel „Krankheiten der Stubenvögel" (LB 973) aus dem gleichen Verlag. Bei einschlägigen Sorgen können Sie auch den Zoofachhändler befragen, erwarten Sie jedoch nie, daß er für den Erfolg seiner Ratschläge Gewähr übernimmt. Meist wird der Halter den kranken Papagei auch noch zu Hause lassen und so soll dann eine Ferndiagnose nach Beschreibung der Krankheitserscheinungen gestellt werden. Obwohl man das auch von mir, sogar telefonisch oder brieflich, erwartet, hilft man gern, aber eine gewisse Zumutung ist es doch. Ein Arzt würde nicht behandeln, ohne den Patienten vorher zu sehen!

Mit Präparaten aus der Hausapotheke sollte der Liebhaber keine Experimente machen. Vor allem nicht mit antibiotikahaltigen Arzneimitteln! Eine Vierteltablette Aspirin im Trinkwasser ließe sich vielleicht dann und wann verantworten. Unser Pflegling genießt infolge seiner Körpergröße bei medikamentöser Behandlung den Vorteil, Injektionen in die Brustmuskulatur gut zu vertragen. Da es auf die korrekte Dosis ankommt, kann das nur der Tierarzt machen. Ohne dem Berufstand der Veterinäre irgendwie zu nahe treten zu wollen: Spezialkenntnisse über die Behandlung von Ziervögeln besitzt nicht jeder. Der Landtierarzt versteht sich in der Regel am besten auf landwirtschaftliche Nutztiere. Der Stadtpraktiker bevorzugt auf Hunde und Katzen. Vielleicht wird Ihnen die nächstgelegene tierärztliche Hochschule einen Spezialisten empfehlen können. Dann können Sie den Papagei samt seinem Käfig in warme Decken hüllen und nach telefonischer Voranmeldung im Auto rasch hinbringen. Selbstdiagnose und Selbst-behandlung ist ein risikoreiches Unterfangen, denn Zweifel, was dem kranken Tier wirklich fehlt, bleiben doch immer. Bei Befolgung der vielen, in diesem Ratgeber enthaltenen Emp-fehlungen, können Sie viele der krankmachenden Haltungs- und Ernährungsfehler von vornherein ausschließen.

Geschlechtsbestimmung

Das wichtigste bei Zuchtversuchen ist wohl, die Gewißheit zu haben, daß es sich bei den beiden Vögeln die man besitzt, wirklich um ein Pärchen handelt. Aber auch sonst würde man darüber gern Bescheid wissen. Die meisten Autoren verzichten auf genaue Meinungsäußerungen zur Geschlechtsfeststellung, was verständlich ist, denn bislang kann niemand für eine ver-läßliche Methode bürgen. Ich selbst natürlich ebensowenig, denn beide Geschlechter beim Graupapagei sehen sich viel zu ähnlich. Ich will einige gängige Hypothesen anführen und dazu eigene Erfahrungen beisteuern. Die Exemplare mit wuch-tigeren, eckigeren Köpfen sind möglicherweise Hähne. Das Männchen besitzt auch zuweilen größere, rundere Augen, wäh-rend der Henne gern Schlitzaugen zugeschrieben werden. Die haben aber viele Jakos nach dem Jugendstadium!

Die alte Züchterweisheit, man könne nach Befühlen des Unterkörpers aufs Geschlecht schließen, hilft den meisten Be-sitzern nicht weiter. Ein Weibchen das Eier legen muß, könnte theoretisch ein breiteres Becken haben. Fachmännisch ausge-drückt einen größeren Abstand zwischen den sogenannten Le-gebeinen und von dort zum Brustbeinende. Das gilt aber noch nicht bei Jungvögeln und später erst kurz vor der Eiablage.

Ebenso ist es eine fast unmögliche Prozedur, nach dem männlichen Begattungsorgan zu suchen. Vielleicht kann man demnächst Geschlechtshormone im Blut nachweisen.

Das Verhalten erlaubt selbst bei fortpflanzungsreifen Exemplaren keine sichere Unterscheidung. Allenfalls innerhalb eines Bestandes ab einem Dutzend zusammenlebender Tiere. Dort könnte sich ein echtes Paar von selbst zusammenfinden, was einstweilen noch die beste Möglichkeit ist, die Züchter haben. Paarweises Zusammensetzen einzeln erworbener Graupapageien bringt keine Anhaltspunkte. Sie werden sich streiten oder auch eng zusammenhalten und doch gleichen Geschlechtes sein können.

Eine sichere Geschlechtsbestimmung erlaubt nur der einwandfrei beobachtete Tretakt (auch Bisexualität kommt vor) oder die Eiablage weist eindeutig auf eine Henne hin. Ich habe oft gehört, daß mit Graupapageien Zuchtversuche ungern unternommen werden, weil bis zur Gewißheit, daß man ein richtiges und harmonisierendes Paar besitzt, etliche Jahre vergehen können. Einziger Rat, den ich ernsthaften Zuchtinteressenten geben kann: Selbst importieren oder ab Importeur zehn Vögel kaufen, zusammensetzen in größerem Raum und täglich beobachten. Halten zwei Tiere auffällig und ständig zusammen, diese beiden aussortieren. Den Rest ohne Verlust oder sogar mit kleinem Gewinn wieder abzustoßen, wird heute nicht schwierig sein. So hat man zwar auch keine hundertprozentige Sicherheit, aber immerhin die beste Chance.

Da die Geschlechtsbestimmung eine so wichtige und doch so schwierige Aufgabe ist, kann vielleicht der kleinste Hinweis nützlich sein. Wenn in gleicher Unterbringung mehrere Vögel beisammen sind, entwickeln meines Erachtens die Hähne Besitzansprüche auf ihren Käfig oder wenigstens auf ihren beliebtesten Sitzplatz. Verlassen sie ihn, und nähert sich zwischenzeitlich eines der anderen Exemplare, so machen sie unter Umständen hastig kehrt, um es zu verjagen. Bei Gemeinschaftshaltung gibt es immer Kabbeleien, wie es von allen Ziervogelarten bekannt ist, aber gefährliche Formen nimmt das höchst selten an. Ich glaube aber Grund zu der Annahme zu haben, daß bei Streitigkeiten die Weibchen einem Hahn bereitwillig weichen. Wenn dagegen zwei Graupapageien mit Ausdauer streiten und sich dabei in Positur stellen, könnten es Hähne sein. Das stärkere Tier von beiden mit der größten Wahrscheinlichkeit. Je länger die Auseinandersetzungen dauern und je öfter sie sich zwischen den gleichen Vögeln wiederholen, um so sicherer. Hat man nämlich mal längere Zeit ein garantiertes Paar beobachten können, so bekommt man den Eindruck, als ob die Henne dem Hahn eine gewisse Unterwürfigkeit bezeugt, und daß dabei der Hahn das Weibchen öfters in seine Schranken weist. Ein Vorsprung in der Körpergröße braucht nicht unbedingt ein Indiz zu sein. Das Weibchen darf ohne weiteres älter sein als der Hahn, wenn man züchten möchte, und es hat sich bis dahin vielleicht durch Eiablage schon zu erkennen gegeben.

Die Zucht

Die Zucht von Graupapageien erfordert viel Einsatz, noch mehr Geduld und die Fähigkeit, bei Enttäuschungen nicht aufzugeben. Wir sind weit davon entfernt, zuverlässige Zuchtratschläge geben zu können, wie das bei anderen Papageienvögeln und Großsittichen möglich ist. Ich möchte hier meine eigenen Erfahrungen und die erfolgreicher Zuchtfreunde wiedergeben. Da ich selbst importiert habe, und Graupapageien handelte, konnte ich aus größerem Bestand ein Paar leihen. Das etwa zehnjährige Weibchen, von mir ausnahmsweise mal gegen eine Amazone eingetauscht, hatte beim früheren Besitzer schon zwei Eier auf den Käfigboden abgelegt. Der Hahn, das größte Exemplar unter einem Bestand von 14 Artgenossen, war vier Jahre alt, an einen Ständer gewöhnt und recht zahm. Beide Vögel standen nahe beisammen, sie kannten sich vom Sehen und hatten überdurchschnittliches Interesse aneinander bekundet. Ich gab beiden Tieren in meiner Gartenvoliere Anfang Juni ein eigenes Abteil, dazu noch ein Schutzhausabteil von 120 x 120 x 225 cm. Ihre Nachbarn waren Nymphensittiche. Ein aus einem dicken Baumsegment ausgehöhlter Nistkasten hing unter dem Dachvorsprung des Schutzhauses und ich dachte, hier muß er dem Paar am ehesten auffallen, aber leider kümmerten sie sich nicht darum. Um so größer war ihr Interesse an den Vögeln in den Nachbarabteilen. Die Graupapageien wurden immer lauter und den ganzen Tag lang hockten sie an den Gittern um die anderen Voliereninsassen zu beobachten. Ich hoffte also noch.

Mitte Juli stand fest, daß die beiden viel zu stark abgelenkt wurden, um überhaupt an das Brutgeschäft zu denken. Kurzentschlossen verkleidete ich an einem Wochenende die Seitenwände des Außenabteils vollständig mit Strohmatten. Nun kam nur noch Oberlicht ins Abteil und bei Sonne stieg die Temperatur auf tropische Werte. Eine winzige Beobachtungsöffnung hatte ich gelassen, aber Graupapageien sind wachsam wie Hunde. In der Regel bemerkten sie meine Anwesenheit bald. Gefüttert wurde zweimal täglich im Schutzraumabteil.

Erster Vorteil war, daß sich das Paar nun wesentlich mehr miteinander beschäftigte. Beide Partner saßen auch mal oben auf dem großen Nistkasten und gelegentlich schauten sie durch das Schlupfloch hinein. Mehr tat sich nicht. Im September holte ich das Paar ins Haus, das wieder im Käfig oder auf dem Ständer lebte und häufig gemeinsamen Zimmerfreiflug bekam. Ich dachte, es sei wichtig, die Ehe unterbrechungslos aufrechtzuerhalten. Das Weibchen wurde jetzt auch zusehends zahmer.

Im Mai des folgenden Jahres folgte ein neuer Versuch im gleichen Volierenabteil. Der Nistkasten war schon etwas verwittert, das Wetter leider bedeckt mit Schauern, aber ein Bad im Regen liebten die Tiere sehr. Ende Juni begannen sie sich gegenseitig zu füttern. Einmal kam ich gerade dazu, als sie gemeinsam den Nistkasten richtig von innen inspizierten und meine Hoffnungen stiegen in steile Höhen. Vierzehn Tage später folgte eine um so größere Enttäuschung: Ein Ei lag am Volierenboden, aber bereits angeknickt. Es hätte keinen Sinn gehabt, es in den Nistkasten zu legen, dafür formte ich es aus Gips nach und legte das Kunstprodukt zur Ermunterung hinein. Vier Tage später lag ein echtes daneben. Schwierige Frage nun: Gipsei liegenlassen oder herausnehmen? Ich entschied mich, lieber nicht zu stören, aber Anstalten zur Bebrütung wurden nie gemacht.

Ich will mich kurz fassen. Im dritten Sommer wurden zwei Eier gelegt, wie es sich gehört in den Kasten, aber nie auch nur einen Tag bebrütet. Das Paar aber wurde immer zärtlicher miteinander. Ob Graupapageien einige Jahre zur Paarbildung brauchen? Schließlich sind sie bis zum Alter von 35 bis 40 Jahren zuchtfähig, haben also Zeit genug. Im Herbst brachte ich beide Ehepartner wieder ins Haus.

Als sie Weihnachten unter dem Tannenbaum einträchtig umherwanderten, schneite ein Freund und Vogelliebhaber überraschend herein und war fasziniert. Gegen Mitternacht, nach drei Flaschen Wein, ließ ich mir das Paar abluchsen, das in eine wesentlich größere Voliere mit voller Verglasung eingebracht werden sollte. Einen Erfolg erlebte mein Freund aber ebensowenig. Dafür entwickelte der immer sehr anhänglich gebliebene Hahn eine überraschend große Liebe zur Hausfrau, und da Frau W. selbst Geld verdiente, sandte sie mir eines Tages ein paar Zeilen, daß sie sich um keinen Preis wieder von dem Tier trennen könne. Beigefügt war ein Scheck über eine sehr großzügige Summe. Ihr Mann gab mir das Weibchen zurück, aber es war für mich ständig Anlaß für ein schlechtes Gewissen. Hatte ich nicht ein zärtliches Ehepaar auseinandergerissen? So verkaufte ich es mit Geschlechtsgarantie. Der neue Besitzer versuchte es vier Jahre mit der Zucht. Obwohl ich den Nistkasten noch nachreichte, es blieb bei Eiablage ohne Brutversuch. Immerhin ist es schon ein großer Erfolg, bis zur Eiablage zu kommen. Ich hätte weitere Jahre Geduld haben sollen!

Der Nistgelegenheit kommt meines Erachtens entscheidende Bedeutung zu. Man sollte, mit einer Säge ausgerüstet, einen Spaziergang an Flußufern machen. Hohle Weiden müßten ideal sein. Mit Schreinermaschinen läßt sich aber auch ein Stück Baumstamm gut aushöhlen, einige Sägespäne nimmt man bei der Abholung mit. Schlechtwettereinbrüche lassen das Brutinteresse zeitweilig erlahmen. Von Beginn des Interesses am Nistkasten bis zur ersten Eiablage kann es leicht zwei Monate dauern. Ein erfolgreicher Schlupf von Jungpapageien rückt dann schon in die Nähe erster Schlechtwetterperioden des Frühherbstes. Ein zweiter Versuch zu brüten, hätte daher nur in Innenvolieren eine Chance. Vor Ablage des ersten Eies bringt das Weibchen bis zu 60 Stunden nahezu pausenlos in der Nistgelegenheit zu. Es ist in dieser Periode übernervös und gegen Störungen sehr empfindlich. Sollte es nach Ablage von drei bis vier weißlich glänzend aussehenden Eiern tatsächlich zu brüten beginnen, braucht man den Hahn nicht zu entfernen.

Es ist schon öfters gelungen, Bruten erfolgreich bis zum Schlüpfen der Jungen zu beobachten. Leider versagen dann viele Paare bei der Atzung. Auf jeden Fall wird man dann das Aufpäppeln versuchen. Darauf kommen wir noch zu sprechen.

Da ich selbst keinen Erfolg mit der Graupapageienzucht gehabt habe, will ich nun fremde Zuchterfahrungen zitieren. Die Meinung, der Afrikaner lasse sich überhaupt nicht in Liebhaberhand züchten, war bis in die Nachkriegszeit verbreitet. Aber schon zu Ende der 30er Jahre hatte Mr. Edward J. Boosey in England eine Vermehrungsfarm für ausländische Großvögel eingerichtet. Ihm gelang die Erstzüchtung des Graupapageis mitten im Kriege, wofür ihm 1945 die Ehrenmedaille der Avicultural Society verliehen wurde. Zu den Zuchtbedingungen berichtete Mr. Boosey selbst:

„Mein Zuchtpaar lebte Sommer wie Winter in einer eigens dafür konstruierten Voliere. Zusätzlich zum normalen Papageienfutter und selbstverständlich reifen, süßen Äpfeln als Beinahrung, gab ich etliche eher ungewöhnliche Dinge wie gekochten Seefisch, ohne Gewürze und mit wenig Fett bereitetes Rührei, mit Süßmilch getränktes Weißbrot und salzlos gekochte Kartoffeln, besonders als Junge im Nest waren und aus der Überzeugung heraus, daß die Altvögel unglaublich viel Zeit zur Aufnahme kleinerer Saaten verwenden müßten, um allein damit die Jungen zu atzen. Im ersten Versuch wurde ein Jungtier erfolgreich aufgezogen. Unmittelbar nach seinem Flüggewerden versuchten die Eltern eine zweite Brut, aber leider kam der Herbst zu zeitig. Ein wieder geschlüpftes Jungtier starb durch einen plötzlichen Nachtfrost, gerade als die Mutter aufgehört hatte, es nachts durchgehend zu bedecken".

Im Anschluß an die von Mr. Boosey beschriebenen Erfolge brütete das gleiche Paar alljährlich zweimal. Aber obwohl es in bester Kondition schien, die Gelege waren stets unbefruchtet.

Nach diesem weitgehend unbekannten Ersterfolg in England machte nach neunjährigen Versuchen Herr Walter Langberg aus Kopenhagen von sich reden. 1959 meldete er der Austauschzentrale, deren Mitglied er ist, seinen Zuchterfolg. Dessen Vorbereitung begann mit der Haltung eines zahmen, in der Familie eingewöhnten Weibchens. Zwecks Paarbildung wurden diverse sichere Hähne in einen mit Trenngitter teilbaren Käfig zu ihm gesetzt. Aber nie fand ein Zukünftiger die Wertschätzung der Henne. Herr Langberg praktizierte dann die auch von mir für am besten gehaltene Methode und suchte sich bei einem Importeur aus einer großen Schar Graupapageien zusagende Tiere heraus. Als sichere Hähne erkannte Exemplare wurden erst einmal vorgezähmt und dann in einem Käfig neben dem Weibchen untergebracht. Bei einem kam es nicht zu den früher erlebten Streitigkeiten. Langberg brachte beide Vögel zusammen in einen Flugkäfig und es tat sich nichts Negatives. Man sieht, wie geduldig man vorgehen muß.

In einem Volierenabteil kam es im nächsten Sommer zu Begattungsversuchen. Wieder im nächsten Jahr nach gemeinsam im Käfig in der Wohnung verbrachtem Winter zu Balzspielen und geglückten Tretakten. Mitte Juni legte die Henne das erste Ei, nach einer Woche waren es vier Eier geworden, aber leider unbefruchtet, wie eine spätere Kontrolle ergab. Ein weiteres Gelege von vier Eiern war Ende August gelegt. Im September schlüpften die Jungpapageien. Ein Nestling starb sofort, einer der drei Jungvögel später durch nächtlichen Kälteeinbruch. Es war eben mal wieder in der Jahreszeit zu spät geworden.

Zwei Jungvögel waren noch übrig, aber den einen wollten die Eltern plötzlich nicht weiterfüttern. Herr Langberg schaffte die Handaufzucht. Als Erfolg gilt, daß wenigstens das stärkste Jungtier bis zur Selbständigkeit von den Eltern großgezogen wurde, obwohl es den jahreszeitlich bedingten Umzug in den Zimmerkäfig mitzumachen hatte.

In den nachfolgenden Jahren brütete, im Gegensatz zum englischen Beispiel, Herrn Langbergs Zuchtpaar stets erfolgreich. Es kamen aber nie so viele Jungtiere hoch, wie Eier bebrütet wurden. Dem dänischen Meisterzüchter starben wiederholt junge Graupapageien, nachdem sie die eigentlich kritischste Entwicklungsphase längst hinter sich hatten. Leider eine verbreitete Erfahrung. Man kann Langberg dennoch mit Recht einen Meister nennen, denn er konzentrierte sich ganz auf die Graupapageienzucht, und wohl niemand hat so lange Erfahrungen wie er. Außerdem hat sonst niemand mehrere Dutzend junge Jakos auf die Stange gebracht.

Die einstweilen letzte Zuchtmeldung erschien in den AZ-Nachrichten im Mai 1978. Herr Ludewig erzielte seine Erfolge in selbstkonstruierter Voliere (3 x 2 m) mit angebautem Schutzhaus (2 x 2 m). Er hatte Glück und erwarb von einer größeren Anzahl Importe bei einem Händler auf Anhieb ein richtiges Paar. Reines Glück, denn zunächst wußte er nicht einmal, welcher Vogel welches Geschlecht hatte. Als Nistgelegenheit konnte Herr L. bereits einen ausgehöhlten Baumstamm von ca. 40 cm Durchmesser und 70 cm Hohltiefe käuflich beschaffen. Hersteller inserieren heute in Fachzeitschriften.

Fast scheiterte auch dieser Zuchterfolg an zu stark vorgerückter Jahreszeit. Die Eiablage erfolgte erst im September 1977. Erfreulicherweise ließ sich das solide Schutzhaus mit Heizung auf konstant 10° Celsius halten. Aus allen drei Eiern schlüpften Ende Oktober kräftige Junge, die ohne Nachhilfe gesund groß wurden. So gut klappt es selten, womit ich Züchter Ludewigs Leistung nicht abwerten möchte. Ich sehe nur im Nachhinein, wie nahe ich selbst zu einem Erfolg gekommen war, hätte ich nur mehr Geduld besessen!

Was für Graupapageien besonders wichtig ist, möchte ich aus eigenen wie fremden Erfahrungen wie folgt herausfiltern:

Alle erfolgreichen Züchter bestätigen gleichlautend, daß Zuchtpaare sehr aggressiv werden, ganz gleich, wie zahm sie vorher auch gewesen sein mögen. Damit sind Nistkastenkontrollen leider sehr erschwert. Solange die Jungen sehr klein sind, verläßt die Henne selten das Nest und läßt sich lieber vom Hahn füttern. Der Hahn aber macht sich seinerseits aufgeregt bemerkbar, wenn der Schlupf seiner Nachkommenschaft kurz bevorsteht. Offenbar kann er die geringen Geräusche bei den Durchbruchversuchen der Brut vernehmen. Danach wird er häufig bei Störungen mit in den Kasten stürzen, um seine Familie zu beschützen.

Im allgemeinen, und das wird in Zuchtschilderungen immer wieder bestätigt, ist das Vorspiel vor der Eiablage eine sehr ausgedehnte Phase. Damit rückt das Schlupfdatum nur zu leicht in die Nähe kalter Herbstnächte, mit den bekannten Risiken, denn schließlich bleiben die Jungpapageien ja Monate im Kasten. So sehr ich selbst dafür plädiere, den Nistkasten nicht unter Dach zu hängen, ist das vielleicht doch günstiger, sofern man dort heizen kann. Ein Schutzhaus braucht man also unbedingt oder müßte es in einem Gewächshaus versuchen bzw. die ganze Voliere mit Glas umkleiden, was aber beides im Sommer zu einem Hitzestau führen kann.

In der ganzen Familiengründungszeit sind Störungen sehr unerwünscht. Man sollte sie also trotz verständlicher Neugier und Kontrollnotwendigkeit auf ein Minimum reduzieren, eventuell auch die Reinigung etwas vernachlässigen. Offenbar ist es sehr gut, irgend etwas in den Nistkasten zu tun. Sei es Sägemehl, trockener Torf, Holzspäne, morsches Holz oder dergleichen. In der Tat arbeiten wildlebende Graupapageien lange und ausgiebig am Nistplatz. Das ist offenbar nötig als psychologische Vorbereitung für die Eiablage.

Beide Geschlechter inspizieren die Nistgelegenheit oft und regelmäßig. Sitzt die Henne erst häufiger darin, und bleibt sie schließlich täglich Stunden unsichtbar, darf der Züchter Eiablage erhoffen. Nach dem ersten gelegten Ei ist bei der Henne wieder eine Unrast und Nervosität zu verzeichnen. Etwa vier Tage später ist das zweite Ei gelegt. Nun dürfte auch ein festes Aufsitzen seinen Anfang nehmen. Der normale Abstand von Ei zu Ei beträgt drei Tage. Das Gelege erreicht selten mehr als vier Eier.

Die Atzung der geschlüpften Jungpapageien dauert vom Tagesanbruch bis mittags und der Hahn beteiligt sich in der

Regel daran. Anschließend beobachtet man bei den Eltern eine Ruhepause von etwa 2 Stunden. Die zweite Atzungsperiode dauert dann durchgehend vom Frühnachmittag bis Sonnenuntergang. Ist es schon spät im Jahr und wird es entsprechend früh dunkel, muß der Züchter bis ca. 22 Uhr mit Kunstlicht nachhelfen, für dessen Verlöschen ein sogenannter Dimmer unerläßlich ist.

Aufzuchtfutter

Gekeimte Sonnenblumenkerne und halbreife Maiskolben scheinen sehr gern zur Atzung verwendet zu werden. Maiskolben kann man in der Tiefkühltruhe wochenlang aufbewahren. Wichtig sind reichliche tägliche Gaben süßer, weicher Äpfel. Ein Züchter hat mit guten Erfolgen auch Hagebutten gegeben. Das englische Beispiel beweist, daß selbst Experimente ungewöhnlicher Art gute Resultate erbringen. Als Weichfutter kann man neben Rührei oder zerquetschtem Kochei mit Paniermehl, in Milch geweichtes Weißbrot geben. Das Innere von Brötchen, in angerührtem Kinderbreipulver gewälzt, ist nicht schlecht. Erdnußkerne reicht man nur wenige, Grünzeug und junge Möhren sind zu empfehlen.

Päppelfutter

Eine erfolgreich bis zum Schlupf verlaufende Graupapageienbrut muß häufig vom Züchter selbst zu erfolgreichem Ende geführt werden, wenn die Altvögel die Atzung einstellen. Das hieße also künstliche Fütterung der Jungen, bis zu zehnmal täglich im Anfang. Mittags kann man eine wohlverdiente Pause einlegen, wie es auch die Normaleltern zu tun pflegen.

Päppelfutter muß unbedingt Körpertemperatur haben. Nur wenige Grade geringer, und die Nestlinge verweigern die Annahme. Deshalb Futterbehälter in warmes Wasserbad stellen. Noch sehr kleine Nestlinge müssen selbst warmgehalten werden, am besten mit in ein wollenes Tuch eingeschlagener Gummiwärmflasche. Nahrungsbrei bereiten die meisten Praktiker

6*

aus pulverförmig käuflichen Markenprodukten für die Säuglingsernährung. Flüssig anrühren, wie eine gute Sahne und ab einem Lebensalter von 45 Tagen langsam dicker machen. Bestimmt kann man jetzt feine Schmelzflocken, etwas Quark und hartgekochtes Ei untermengen. Ab 55. Tag soll man geschrotete Sonnenblumenkerne zugeben, was zuerst eine Gewichtsabnahme verursachen kann! Stark zerkleinertes, gekochtes, mageres Rindfleisch ist zu empfehlen. Nicht alles wird bereitwillig angenommen, deshalb muß man etwas experimentieren. Futterspritzen gibt es in Apotheken.

Jedem Weichfutter soll man nach übereinstimmender Meinung erfolgreicher Praktiker Glukose oder proteinreiche Nährmehle zugeben. Mit dem Mixer fein zerkleinerte süße Früchte sind besser als Vitamintropfen. Leider hatte ich nie das Glück, eine Graupapageienbrut bis zum Schlupf der Jungen gedeihen zu sehen. Wie gerne hätte ich mich den Mühen der Handaufzucht unterzogen im Gedanken daran, welch besonders liebenswürdiger Pflegling aus solchen Vögeln zu erwarten ist. Aber ich habe wenigstens etliche wertvolle Großsittiche bis zur Selbständigkeit aufgezogen. Sollte da wirklich ein so großer Unterschied sein? Deshalb noch schnell mein Rezept:

Für die ersten 10 Tage Eifutter nach Art der Kanarienzüchter, bereitet aus einer Scheibe hartgekochtem Ei, geknetet, mit Keksmehl 50 : 50 vermischt und mit Wasser ziemlich dünnflüssig gemacht. Bis zum 20. Tag ein Drittel einer Weichfuttermischung für feinschnäblige Exoten beigeben, danach bis zum 30. Tag zusätzlich Kindernährmehl. Ab der 5. Woche mit Großmutters handbetriebener Kaffeemühle grob gemahlene Körner von der normalen Futtermischung zumengen (Anteil: 20 %). Das soll die Selbstaufnahme von Körnerfutter vorbereiten. Da ich nicht wissen kann, wie alt Ihre Jungpapageien sein werden zum Zeitpunkt, zu dem Sie die Fütterung übernehmen müssen, bitte ich Sie, die Zeitabstände für die Bereicherung der Nahrung selbst zu kalkulieren. Später kann man Sonnenblumenkerne, die ja die Lieblingsnahrung der meisten Papageien sein dürften, zunächst auch vorweichen. Vorsicht: Sie verderben dabei leicht!

Eine letzte interessierende Frage ist, ob es überhaupt lohnt, Graupapageien zu züchten und die Mühe der Handaufzucht auf sich zu nehmen. Zunächst ist alles willkommen, was unser Wissen vermehren kann. Die Bestände in Afrika dürften sich nicht so schnell erschöpfen, aber wer weiß, wie sich politische Entwicklungen auf das Tierexportgeschäft auswirken werden? Denkt man an bereits existierende Exportverbote anderer Länder, so ist es nicht undenkbar, daß man auch unseren Graupapagei eines Tages auf die Liste schutzwürdiger Arten setzen könnte. Wenn man daran denkt, wie viele Jahre man an so einem Vogel Freude haben kann, ist die Zucht und nötigenfalls auch das Handaufpäppeln eine Aufgabe, die beträchtlichen Gegenwert verspricht. Dabei denke ich nicht so sehr an den materiellen Wert, obwohl gezüchtete Graupapageien nicht selten wesentlich höher bezahlt werden als Wildfänge, sondern mehr an den ideellen Wert, denn nur selten bekommt man einen Importvogel so zahm wie seinen im Heim des Halters aufgewachsenen Artgenossen, der von der Geburt an mit dem Menschen vertraut ist. Schließlich sind heute die Möglichkeiten begrenzt, besonders bemerkenswerte züchterische Leistungen zu erbringen. Falls es also Ihr Ehrgeiz sein sollte, sich auf diesem Gebiete auszuzeichnen, die Zucht des Graupapageis gilt noch immer als seltener Erfolg.

Beschränkung der Flugfähigkeit

Solange es Vögel gibt, die mit dem Menschen in seinen Behausungen leben sollen, hat man versucht, sie durch geeignete Maßnahmen am Wegfliegen zu hindern. Das war bereits bei Eingeborenenstämmen üblich, die lange vor uns Europäern Papageien der bunten Federn wegen hielten. Käfige kannten sie nicht, und es mangelte ihnen oft genug auch an Fähigkeiten, solche zu bauen. Stattdessen rissen sie den Tieren ihre längsten Schwungfedern aus. Der dadurch entstehende gerupfte Eindruck störte sie nicht. Wohl würde er aber uns heute stören, da wir am Papagei nicht zuletzt seine Schönheit bewundern.

Ein in gewissem Rahmen flugunfähig gemachter Graupapagei kann uns nicht verlorengehen. Sollten keine ihm gefährlich werdenden Tiere in den Garten gelangen können, kann man ihn dort auf einen Baum sitzen lassen, was er sehr liebt. Natürlich müßte dieser Baum am besten einzeln stehen. Wichtig bleibt dabei, daß der Jako in den Schatten kann und einigermaßen unter Überwachung bleibt.

Zur Beschränkung der Flugfähigkeit kennen wir zeitweilige und dauernd wirksame Methoden. Man kann die Schwungfedern nur eines Flügels beschneiden, um das Aussehen nicht zu beeinträchtigen, wirksam ist das aber nur bis nach der nächsten Hauptmauser. Zum Erzielen dauernder Flugunfähigkeit ist die Teilamputation geeignet. Sie soll nur von einem Tierarzt durchgeführt werden, weil die entstehende Wunde mit einem vorher belassenen Hautlappen bedeckt, vernäht und mit entzündungshemmenden Medikamenten behandelt werden muß.

Beschneiden der Schwungfedern

Zu diesem Zweck läßt man einen Helfer Handschuhe anziehen und den Papagei mit beiden Händen festhalten. Selbst zieht man den linken Flügel lang so weit es geht und schneidet mit einer großen, scharfen Schere wenigstens acht der äußeren Flügelfedern, von außen nach innen gezählt, kurz über der Haut am Kiel ab. Darüber und darunter liegen kleinere Deckfedern, die des Aussehens halber unbedingt erhalten bleiben müssen. Vielleicht läßt man die äußersten Federn lieber auch stehen, weil das besser aussieht und der Vogel so den Flügel noch am Rumpf anlegen kann. Dann nehmen Sie eben die acht folgenden. Federn nicht ausreißen, sondern schneiden, sonst würden sie innerhalb weniger Wochen nachwachsen. Die Kielstummel fallen während der nächsten Hauptmauser von selbst aus. Danach wäre der Papagei wieder voll flugfähig. So wird man erneut zur Schere greifen müssen, schneidet aber diesmal nicht so kurz wie das erste Mal, weil die zu dieser Zeit stark blutführenden Federkiele nicht geöffnet werden dürfen. Schwächender Blutverlust und Blutvergiftungsgefahr wären die Folge.

Teilamputation

Entfernt wird ein Flügelteil der am äußeren Ende ebenfalls lange Schwungfedern trägt. Vor der Operation müssen die blutführenden Adern abgebunden werden. Erforderlich sind gute Kenntnisse der Anatomie eines Papageienflügels. Der kleine Federbewuchs ist vorher auszurupfen. Es handelt sich um zwei dünne Knochen, die sauber durchtrennt werden, aber nicht etwa splittern dürfen. Im Flügelskelett befindet sich eine Partie, die aus einem dickeren und einem dünneren Knochen besteht, die parallel zueinander verlaufen. Etwa in der Mitte liegt die Operationsstelle. Der kleine Knochen am Gelenkteil zum Körper hin, Daumenfittich oder erster Finger genannt, muß erhalten bleiben. Zum Durchtrennen der Knochen benötigt man eine feine Säge, entstehende Blutungen müssen gestillt werden. Eine Nachbeobachtungszeit hätte sicherzustellen, daß die Wunde sich nicht entzündet und daß der Patient nicht daran knabbert. Nötigenfalls muß dem Tier einige Tage lang ein Pappkragen angelegt werden. Sicherlich trauen Sie sich das nicht zu.

Ich habe es auch nur beschrieben, damit Sie wissen, was der Tierarzt macht.

Als neueste, dritte Methode kann die den Flügel bewegende Sehne auf einer Seite durchtrennt werden. Der Papagei wird damit im wahrsten Sinne des Wortes flügellahm. Zwar habe ich schon mehrfach gelesen, daß diese Methode die einfachste sei, und das gute Aussehen am wenigsten störe, aber ich darf dazu berechtigte Zweifel anmelden! Einige Versuche dieser Art habe ich mit besonderem Interesse verfolgt. Einmal gelang die kleine Operation scheinbar ausgezeichnet und in der Tat konnte man nichts davon sehen. Irgendwie aber gewann der behandelte Ara nach einigen Wochen eine begrenzte Flugfähigkeit zurück. Gut genug, um in die Nachbarsgärten zu gelangen. In einem anderen Fall wurde das Gleiche an einem Fasanenhahn praktiziert. Danach hing der eine Flügel sehr unschön herab. Eine zeitlang band man ihn hoch, aber es half nichts, und der Besitzer hatte keine Freude mehr an dem verschandelten Tier. Ich denke diesbezüglich muß man noch lernen.

Beschneidungen und Amputationen wurden längst in größerem Stil in Zoos und Vogelparks vorgenommen. Man kann die so behandelten Vögel sodann im Freien in eine Schauanlage setzen. Erfahrungen mit Aras sind häufig, mit Graupapageien aber selten, weil letztere doch mehr im Hause gehalten werden. Will man seinen Jako im Sommer mit in den Garten nehmen, ist eine lange, leichte Kette schließlich nicht die schlechteste Lösung, das Entfliegen zu verhindern. Nach einigen Wochen kann man evtl. die Kette auch mal weglassen. Ich habe die Erfahrung gemacht, daß die nähere Umgebung einer Sitzmöbelgruppe von gut zahmen Exemplaren nicht verlassen wird. Gefährlich bleiben aber immer unvorhersehbare Schrecksituationen. Vor allem drei Dinge:

▶ Tieffliegende Düsenjäger und Hubschrauber
▶ In den Garten stürzende Hunde
▶ Besuch fremder Personen.

Aber auch ein umfallender Gartenstuhl oder das Schlagen nach einer Wespe können entsprechende Folgen auslösen. Ist der Papagei in Nachbargärten abgestrichen, sind kleine Jungen äußerst nützlich, die ungehemmt fremde Grundstücke betreten und über Zäune klettern. Eine versprochene Belohnung sorgt für den nötigen Eifer. Die Chancen, den Flüchtling wieder einzufangen sind nur dann gut, wenn man seine Bewegungen im Auge hält.

Ratschläge für den Erwerb eines Graupapageis

Zunächst besucht man einige Zoohandlungen die Papageien führen. Wer Zeit und ein Auto hat, mag heute auch wieder nach Holland fahren. Einen Graupapagei läßt man sich jedenfalls ebensowenig unbesichtigt per Bahnexpreß schicken, wie einen Rassehund. Man kauft ihn also nicht im Versandhandel. Auf Anzeigen kann man eventuell reagieren. Aber fahren Sie dann vorher nach Absprache zur Besichtigung, was kein vertrauenswürdiger Vogelfreund ablehnen wird. Sollte Ihnen das Gebotene zusagen, nehmen Sie das Tier gleich mit.

Niemand wird auf die Idee kommen, ein Tier zu erwerben, das am hellichten Tage den Kopf in seine Federn steckt oder mit trüben Augen still in einer Ecke hockt. Ebensowenig ein Exemplar das hustet oder tagsüber sein Gefieder unordentlich aufgeplustert trägt. Solche Warnzeichen aber bemerkt man nur bei unauffälliger Beobachtung aus einiger Entfernung. Sogar ein schon recht krankes Tier wird munter, legt sein Gefieder glatt an und schaut aufmerksam umher, wenn jemand direkt an seinen Käfig herantritt. Ich denke, für einige hundert Mark üblichen Kaufpreises sollte man dem Interessenten etwas Zeit für seinen Entschluß lassen. Als Kunde können Sie das verlangen.

Jeder in die Bundesrepublik legal eingeführte Papagei hat die gesetzlich vorgeschriebene Quarantäne hinter sich gebracht. Danach war er laut Abschlußuntersuchung, frei von Erregern gefährlicher Seuchen. Die Quarantänebehandlung ist jedoch keine Gewähr für das Nichtvorhandensein harmloser Krankheitserscheinungen. Ebensowenig Garantie für einen hundertprozentigen Gesundheitszustand. Kein Verkäufer kann so sicher wissen, daß das in die Wahl gezogene Exemplar absolut gesund ist, daß der Käufer bei späterer Reklamation grundsätzlich einen Anspruch hätte. Was er mit gutem Auge an Warnzeichen sehen könnte, das können auch Sie ebensogut feststellen. Neben den Unpäßlichkeitserscheinungen die wir bereits nannten, wären noch anzuführen:

▶ Auffällige Magerkeit. Besonders an der Brust, die sich fleischig anfühlen sollte.

▶ Exemplare mit starken Gefieder- oder Fußschäden.

▶ Kot, der auf der Käfigschublade dünnflüssig breitgelaufen ist oder gar schaumige Blasen wirft.

▶ Sitzen mit geschlossenen Augen, wobei die Augen selbst nach einer Störung gleich wieder zugemacht werden.

Über Merkmale des jeweiligen Alters sollte der Kaufinteressent folgendes wissen: Noch sehr junge Graupapageien haben besonders große und kreisrund aussehende, tiefdunkle Augen. Bei ihnen kann es noch Fütterungsprobleme geben. Ein Angebot so junger Tiere in unserem Lande ist höchst unwahrscheinlich. Im Ausland kann man sie dagegen bekommen.

Im Alter von einigen Monaten ist die Iris zu einem Grauton aufgehellt. Diese Veränderung nimmt jedoch höchst unterschiedliche Zeiten in Anspruch, so etwa vom 3. Lebensmonat bis zum 7. Monat, womöglich aber auch bis zu einem Alter von anderthalb Jahren. Immer noch frühestes Teenageralter für die langlebigen Papageien. Diese Vögel wären demnach garantiert jung und im besten Erwerbsalter. Damit Sie nicht enttäuscht werden — solche Angebote sind bei uns ebenfalls rar. Durch Fang, Aufbewahrung bis Export, Versand, Quarantäne und Verteilung vergeht zuviel Zeit.

Beim ziemlich erwachsenen, voll entwickelten Graupapagei verfärbt sich die Iris hellgelb oder sattgelb. Sie werden leider feststellen: Die große Mehrheit aller angebotenen Jakos hat bereits gelbe Augen. Natürlich gilt schon die allgemeine Regel, daß Jungtiere leichter zahm werden und besser lernen als ältere Exemplare. In der Regel aber dürften bereits gelbäugige Vögel trotzdem nicht älter als 9 bis 15 Monate sein. Das Restliche muß natürlich immer Vertrauenssache bleiben.

Fragen nach Zahmwerden und zu erwartendem Sprechtalent eines Jakos sind ebenso fragwürdig, wie Bitten um eine Geschlechtsgarantie. Vielleicht wird man Ihnen im Geschäftsinteresse gerne alles versichern, was Sie gern hören möchten. Da wir an anderer Stelle darauf eingegangen sind, wie schwierig solche Prognosen sind, kann Ihnen niemand eine zuverlässige Auskunft geben.

Zu Preisvergleichen möchte ich nicht unbedingt raten. Die Preise steigen wie alle anderen und vor Weihnachten sind sie in der Regel am höchsten. Die Nachfrage übersteigt nicht selten das Angebot und dadurch gehen die Notierungen höher. Wenn Ihnen ein Tier besonders gut gefällt, sehen Sie nicht auf ein paar Zehner.

Ein bereits als zahm angepriesenes Exemplar darf teurer sein, müßte aber schon beim Verkäufer sofort auf die Hand kommen. Auf bloße Zusicherung würde ich mich da nie einlassen, und ob der Vogel auch bei Ihnen gleich zahm reagieren wird, ist keineswegs sicher.

Bevor Sie für einen angeblich schon gut sprechenden Graupapagei einen nicht unbeträchtlichen Mehrpreis in Kauf nehmen, müßte das Tier sein Können schon unter Beweis gestellt haben. In solchem Fall meint nicht selten der Anbieter: „Ja, das macht er natürlich nicht, wenn ein Fremder dabei ist." Das ist eine Behauptung, die absolut der Wahrheit entsprechen kann, denn selbst ausgezeichnete Sprecher streiken oft, wenn sie ihr Können vor Publikum unter Beweis stellen sollen. Aber Sie sehen hoffentlich auch den Fallstrick der hier lauert.! Selbst ein wirklich guter Sprecher kann bei neuem Besitzer und in neuer, ungewohnter Umgebung zunächst wochenlang stumm wie ein Fisch bleiben.

Es darf hier der Hinweis nicht fehlen, daß auch ein schwacher oder kränklicher Graupapagei aus Unkenntnis oder in böser Absicht als bereits ziemlich zahm ausgegeben werden kann. Es fehlt ihm dann aber einfach nur die normale Energie, um auf die Umwelteinflüsse nach Vogelart reagieren zu können.

Zum Schluß möchte ich die allgemein übliche Praxis bemängeln, in einem Aufwaschen Vogel, Käfig, Futter, Sand, Spielzeug zu kaufen. Das alles womöglich unter Zeitdruck in unnötiger Hast und zur Hauptgeschäftszeit, wobei sich der Ladeninhaber kaum richtig beratend um den Kunden kümmern kann. Wenn Sie jetzt schlecht kaufen, falsch kaufen oder etliches vergessen — nur Sie allein haben es später zu bereuen. Beim Kauf von Wellensittichen oder Kanarienvögeln mag man wie geschildert vorgehen. Es steht viel weniger Geld zur Debatte, es können viel weniger Fehler gemacht werden, und die genannten Kleinvögel sind auch nicht besonders sensibel.

Und wenn ich Ihnen einen weiteren guten Vorschlag machen darf, so stellen Sie doch bitte vor der Einkaufstour bereits den Tisch oder den Schrank, auf den der Käfig zu stehen kommt, an seinen endgültigen Platz. Ja, ich würde auf jeden Fall auch den Käfig früher kaufen, komplett einrichten, Näpfe mit Futter und Wasser füllen, Abdecktuch bereitlegen, für alle Fälle ein Paar Handschuhe heraussuchen und erst dann den Papagei abholen.

Ein weniger erfreuliches, aber trotzdem notwendiges Thema zum Schluß, weil es auch mit dem Kauf zu tun hat, wenn auch nur am Rande. Ich möchte Sie allen Ernstes bitten, vor dem Kauf zu überlegen, wer den erworbenen Graupapagei übernehmen wird, wenn Ihnen etwas zustoßen und der Vogel Sie überleben sollte, denn das Lebensalter eines Jakos kann dem des Menschen entsprechen. Vielleicht gibt es innerhalb Ihrer Familie keine Probleme, aber ich kenne auch Fälle aus meiner langjährigen Praxis, in denen die übrigen Angehörigen einen Papagei nur dulden, aber nicht ebenso lieben wie der Besitzer. Wie Sie auch darüber denken mögen, mir wäre es ein schrecklicher Gedanke, ein Tier, das jahrelang mein Freund war, müßte eines Tages in irgendeine Zoohandlung zurückgegeben werden. Nach langer gemeinsamer Zeit mit seinem Pfleger trauert meines Erachtens ein Graupapagei genauso wie ein weiterverkaufter Hund. Seine Angewohnheiten, die seinen einstigen Herrn entzückt haben mögen oder die er wenigstens gewöhnt war, könnten bei einem Neubesitzer auf entschiedene Ablehnung stoßen. Das schreckliche Resultat ist, daß so ein Vogel dann von Hand zu Hand wandert. Ihn einem Zoo zu vermachen, ist leider keine so gute Lösung, wie es auf den ersten Blick scheint. Zoologische Gärten und Vogelparks bekommen mehr an solchen Offerten als ihnen lieb ist und haben sehr einleuchtende Gründe, sie abzulehnen. Testamentarische Verfügungen über einen Graupapagei sind keine Verrücktheit oder Spinnerei. Schließlich ist historisch belegt, daß schon Könige und Fürsten solche Vögel in ihre letztwilligen Verfügungen einschlossen.

Schlußwort

Ich hoffe sehr, lieber Leser, Sie haben den Inhalt des vorliegenden Buches interessant und nützlich gefunden. Sie haben einen der hervorragendsten Vertreter der Vogelwelt zum Hausgenossen gewählt oder immerhin die Absicht, es zu tun. Wenn ein so intelligentes Tier zur Gesellschaft und Erheiterung des Menschen ins Haus genommen wird, ist es die wichtigste Pflicht für den Halter, ihm gute Versorgung, richtige Betreuung und fühlbare Zuneigung zu gewähren. Sie sind des Vogels wichtigster Partner für das zukünftige, unter Umständen recht lange gemeinsame Leben.

Viele Leser meiner anderen Vogelbücher haben mich ermuntert, über den Star unter den sprechenden Papageien ein kleines Buch zu schreiben. Ich habe es immer bedauert, wie wenig Fachliteratur darüber zu finden war. So habe ich schließlich die Initiative ergriffen und alles Wissenswerte zusammengefaßt, um dem Graupapagei ein möglichst angenehmes Leben in deutschen Wohnungen zu verschaffen.

Dieses Buch enthält auch einige Schilderungen von tatsächlichen Erlebnissen mit Graupapageien. Der Versuchung, noch mehr dieser vielen Geschichten über Graupapageien in Liebhaberhand zu zitieren, habe ich widerstanden, denn man könnte ein zweites Buch damit füllen, und soweit ich informiert bin, gibt es seit kurzem ein solches. Ich zweifle nicht daran, daß auch Sie früher oder später lustige wie eindrucksvolle Geschichten über Erlebnisse mit Ihrem Graupapagei zu erzählen haben werden.

Die Haltung und Pflege gerade dieses Vogels ist eine zwar etwas anspruchsvolle Betätigung, in der man Verpflichtungen auf sich nehmen muß, die hier beileibe nicht nur praktischer Art sind, aber sie ist zweifellos auch eine Quelle sehr vieler Freuden. Daß man sich dabei in der Freizügigkeit an kleinere Beschränkungen zu gewöhnen hat, ist klar. Natürlich können

Sie weiterhin in Urlaub fahren. Innerhalb Deutschlands den Jako mitzunehmen, ist im Auto kaum ein Problem. Andernfalls sorgen Sie für einen Urlaubsbetreuer, der die Pflege versteht und natürlich auch beherrscht. Ob Ihre Zoohandlung Pensionsdienste leistet, können Sie ja herausfinden. Ein gewisses Risiko ist unweigerlich dabei, denn der Kontakt mit anderen Vögeln vermehrt nun mal zwangsläufig die Ansteckungsgefahren.

Ich habe mal in einem allgemeinen Tierbuch den Satz gelesen: „Der einzige Freund auf Erden, den man kaufen kann, ist ein Hund". Gleiches würde ich auch für einen Graupapagei gelten lassen, sobald er richtig gezähmt worden ist und Familienanschluß gefunden hat. Es gibt sicherlich nur wenige unter den Gefiederten, die eine derart hohe Wertschätzung verdienen. Aber unter diesen Wenigen hält der Jako, dem dieses Buch gewidmet ist, ganz eindeutig den ersten Platz.

Register

Abdecktuch 11, 26—28, 31, 32, 61, 67, 71
Alter, Merkmale 90, 91
Aufzuchtfutter 83
Ausgebildete Vögel 17, 49, 50, 57, 61, 62, 91

Baumrinden 30, 35—37
Beißängste 46, 49, 56
Beringung, gesetzliche 20, 43
Beschneiden, Flugfedern 86
Bestrafungen 10, 11, 31, 48, 53

Eifersucht 49
Elektrogeräte 41
Entkommene Exemplare 41—43, 47, 86, 89
Ergreifen, richtiges 43, 47, 55, 86
Erschrecken 10, 25, 26, 30, 31, 41, 52, 54, 56, 88

Fensterbänke 25
Fernseher 21, 35
Flügelamputation 87, 88
Flügelbeschneidung 86, 87
Freßgewohnheiten, ungewöhnliche 18, 26, 38, 40, 79
Futterbestandteile 26, 34—38, 83ff.
Futterumstellungen 26
Fütterungsweisen 26, 29, 33—36, 39, 53

Geselligkeitsdrang 10, 28, 29, 62
Geschlechter 13, 51, 73—75, 91
Gewitter 31

Haustiere, sonstige 9, 25, 26, 30, 48, 49, 55, 57, 58, 88

Import, früher und heute 17, 18, 72
Insektenstrips 68

Käfigaufstellung 22, 24, 25, 53
Käfigbeschädigungen 23, 30
Käfighaltung 7—9, 21—27, 47, 53, 92
Käfigmodelle 22, 23
Kalkbedarf 37

Kinder 26, 28, 31, 49, 56, 61, 69
Klettergestelle 21 u. Bild 6
Krallenschneiden 45

Langlebigkeit 9, 13, 52, 90, 93, 94
Leckerbissen 32, 37, 38, 39, 48, 51, 54, 55, 57, 59
Lichtabschalten 26, 33, 47, 83
Luft, schlechte 27

Milben 67, 68

Namengebung 12, 15
Nährstoffgehalte 35
Nistgelegenheiten 76, 78, 81

Paarzusammenstellung 73—75, 80
Päppelfutter 83, 84
Preisgestaltung 19, 26, 91
Psychologische Erziehungsregeln 11, 31, 48, 60

Quarantäne 7, 18, 19, 69, 90

Regelmäßigkeit d. Fütterung 33

Sehnenschnitt 88
Selbstrupfen 39, 64
Seuchenkontrolle 18, 90
Sprechgarantien 62, 91, 92
Sprühbäder 44, 45

Tabelle Nährstoffe 35

Unpäßlichkeitserscheinungen 24, 27, 39, 61, 64—66, 69—71, 89, 90

Verbreitung und Karte 15, 16
Verrenkung, Verstauchung 66

Wärmebehandlung 71

Zerstreuung f. d. Vogel 8, 29, 30, 36
Zuchtabläufe, erfolgreiche 79—81
Zusatzfutter 34—39, 54, 63, 79, 83

Foto 4 Portraitstudie

Foto 5
Papageientisch mit Sitzgelegenheit, Näpfen und Kette

Foto 6
Kletterständer für die Körperbetätigung

Foto 7 Farbig ist am Graupapagei nur der scharlachrote Schwanz

Foto 8 Moderner Tischkäfig

Foto 9 Schmeckt das?

Foto 10 Fahrbare Zimmervoliere

Natürliche Talente und Charaktereigenschaften

Der Graupapagei ist ein hervorragender Kletterer und trotz kompakten Körperbaus ein guter Flieger. Er verzichtet aber gerne auf das Fliegen, wenn er sein Ziel auch zu Fuß erreichen kann. Gerne spielen diese Vögel mit Bällen, Kieselsteinen, Garnrollen oder ähnlichen leichten Gegenständen. Fast wie Katzen, so hat mancher Besitzer entzückt berichtet.

Das überdurchschnittliche Nachahmtalent erstreckt sich auf Laute aller Art: Geräusche, Pfeiftöne und natürlich menschliche Worte.

Die Turnkünste begeistern viele Pfleger, und die Lust dazu muß befriedigt werden. Der Schnabel ist dabei das „dritte Bein". In der Regel ziehen sich Papageien stets auf einen anvisierten neuen Sitzplatz, indem sie sich zuerst mit festem Schnabelgriff einen sicheren Halt verschaffen. Genauer beschrieben: Streckt man einem Papagei Hand oder Arm entgegen, beugt er sich etwas vor und öffnet seinen Schnabel. In diesen Augenblicken entstehen die häufigsten Mißverständnisse bei Freunden und Besuchern! Ohne entsprechende Erfahrung meinen sie unweigerlich, das Tier sei bösartig und wolle beißen. Hastige Ausweichbewegungen sind die Folge und darüber erschreckt sich der halbzahme Papagei. Der zahme, der bereitwillig auf Hand oder Arm klettern wollte, um seine Zuneigung zu beweisen, ist gekränkt, fühlt sich zurückgestoßen und reagiert wie ein beleidigtes Kind.

Da wir gerade von zweifellos festzustellenden Papageiengefühlen reden, die Eifersucht ist ihnen nicht fremd. Ich habe sie oft kennengelernt, wenn ich Hund oder Katze gestreichelt hatte, so daß es der Vogel sehen konnte. Sehr zahme Exemplare haben mich gebissen, nachdem ich mich, ihrer Meinung nach, zu sehr um meine Gäste und zu wenig um sie gekümmert hatte. Darum soll man Papageien auch nicht necken oder Neckereien von Kindern zulassen.

Abb. 5 Kurz vor dem Mittagsschläfchen

Ein völlig zufriedener Graupapagei kann zwar nicht schnurren wie eine Katze, gibt aber beim Halskraulen ein typisches Geräusch von sich. Es ist schwer zu beschreiben, aber ich hoffe, Sie werden es selbst erleben. Und Zärtlichkeit können diese herrlichen Tiere ganz eindeutig zeigen. Sie schmiegen ihren Kopf an die Wange des Pflegers, knabbern ihm ganz vorsichtig am Ohr oder nehmen ihm Gegenstände und Leckerbissen von den Lippen. Wachsam sind Jakos auch. So manche Exemplare melden Besuch durch Geschrei, und haben ihre Besitzer rechtzeitig vor Feuer gewarnt. Zu Kunststücken lassen sich junge Vögel relativ leicht abrichten. Man sieht das zuweilen im Fernsehen und auf Varietebühnen.